早稲田アカデミー

冬期講習会、受付中！

日程 12/26(土)▸29(火)・1/4(月)▸7(木)

※地域・学年により日程が異なる場合がございます。

冬の3大特典キャンペーン

特典1

お問い合わせ頂いた方全員に！
早稲田アカデミー オリジナル
クリアフォルダ（2枚組）

12/29までにお問い合わせ頂いた方全員に
プレゼント

特典2

入塾手続きをされた方全員に！
早稲田アカデミー オリジナル
わせあかぐまペン（4色のうち1本）
&ペンケースセット（ブラックまたはホワイト）

12/29までに入塾手続きをされた方全員に
プレゼント

特典3

入塾手続きをされた方全員に！
入塾金10,800円減額！

●通常入塾金21,600円のコース
➡ **10,800円に！**

●通常入塾金10,800円のコース
➡ **無料に！**

12/29までに入塾手続きをされた方全員に
減額

※適用期間が延長される学年がございます。詳しくはお問い合わせください。

●お申し込み・お問い合せは　パソコン・スマホで 早稲田アカデミー 検索　お電話で 本部教務部

Success15 fifteen

サクセス15
January 2016
1

http://success.waseda-ac.net/

CONTENTS

REGULAR LESSONS

information

ーインフォメーションー

早稲田アカデミー各イベントのご紹介です。
お気軽にお問い合わせください。

新小1～新中3

新入塾生受付中！

「本気でやる子」を育てる。

**私達は学習することを通して本気で物ごとに取り組み、
他に頼ることなく自分でやり通すことのできる子を育てることを目標としています。**

早稲田アカデミーは、現在では**「開成高校 82 名合格」「早慶高 1466 名合格」「御三家中 356 名合格」**などの合格実績を残し全国でも有数の進学塾へと発展しましたが、**「本気でやる子を育てる」という教育理念は創立当初から変わっていません。**

本当に「本気」になるなんて長い人生の中でそう何度もあることではありません。受験が終わってから「僕は本気で勉強をしなかった」などと言い訳をすることになんの意味があるのでしょうか。どうせやるのだったら、どうせ受験が避けて通れないのだったら思いっきり本気でぶつかって、自分でも信じられないくらいの結果を出して、**周りの人と一緒に感動できる受験をした方が、はるかに素晴らしい**ことだと早稲田アカデミーは考えます。

「本気になる」ということは口で言うほど簡単なことではありません。しかし、**本気になってがんばって目標を達成した経験は必ず子ども達の将来の役にたちます。**避けて通れない受験を消極的に捉えるのではなく、自分が試される一つのチャンス、試練と思って一緒にがんばりましょう。**早稲田アカデミーは本気でがんばるキミ達を全力で応援します。**

1月 無料体験授業 実施

新小1～新中3

1月から無料 入塾テスト

（土曜 14:00～ / 日曜(祝日) 10:30～）

●小学生／算・国 ※小5・小6受験コースは理社も実施 ●中学生／英・数・国

1月から毎週 土・日曜（祝日）

●校舎により時間が異なる場合がございます。

入塾説明会

●校舎により日時が異なる場合がございます。

最新の受験資料集を無料で配付

1/11㊗ 10：30～　1/23㊏ 10：30～

志望校別直前対策なら早稲アカ！

中1・中2 首都圏トップレベルを目指す中1・中2生集まれ！

新中2・中3特訓クラス 選抜テスト 1/16㊏

無料 別日受験できます！ パソコン・スマホで簡単申込み!!

【実施会場】早稲田アカデミー各校舎　時間は校舎により異なります。

中3男女 対象 帰国生・地方生に朗報！

早稲田アカデミーの志望校別コースのトップ講師が授業を担当します。

慶應義塾湘南藤沢高等部対策授業 無料

【会　場】早稲田アカデミー本社（予定）
【対　象】慶應湘南藤沢高受験予定者
（受験資格がある方が対象となります）
【時　間】10：00 ～ 17：00 ※早稲田アカデミーに通っている方が対象です。

12/25㊎ パソコン・スマホで簡単申込み!!

03（5954）1731 まで　受付時間 12：00 ～ 20：30（日・祝除く）

詳しいパンフレットお送りします

東大への架け橋

VOL.10

text by ゆっぴー

試してみよう！ やる気を出す方程式

「やる気を出すにはどうしたらいいですか」と中学生によく聞かれますが、じつは私も切実に悩んでいます。最近資格試験のために法律の勉強をしているのですが、やる気が出ないせいで一苦労しているんです。やる気っていったいどうしたら出るのでしょう？

私が在籍する東大教育学部の教授によれば、やる気は「成功見込み」と「やる価値」のかけ算で決まるそうです。高校受験をめざすみなさんの場合、「成功見込み」は志望校の合格可能性のことを、「やる価値」はいま勉強することにどれくらい意味があるかをさすと仮定してください。例えば、中3が入試を控えたこの時期に勉強することはとても価値が高いことですが、中1が同時期に勉強することはかならずしも価値が高いとは言えないということです。これをかけ算に当てはめてみると、合格可能性が高い×いますぐに勉強する価値が高い＝やる気も高くなり、合格可能性が低い×いますぐに勉強する価値が低い＝やる気も低くなるということになります。

では、入試までまだ時間がある中1・中2のみなさんがやる気を出すにはどうしたらいいのでしょうか。ここで先ほどのかけ算を思い出してください。やる気は、成功見込みとやる価値のかけ算で決まるのでしたね。そう、やる価値が低いのであれば、成功見込みをあげればいいのです！　成功見込みをあげるための方法としておすすめなのが、日ごろから成功体験をたくさんしておくことです。

成功体験なんて難しい、と思うかもしれませんが、本当にささいなことでかまいません。例えば昨日わからなかった単語が今日わかるようになった、小テストの点数が前回よりあがった、などです。

こうして小さな成功体験を積み上げることで自分に自信がつき、いつの間にか成功見込みもあがっているはずです。また、成功見込みだけでなく勉強する価値も高めたいと思う人は、漢検や英検に挑戦してみるのもいいでしょう。合否がはっきりわかるので、模試でいい点を取ろうと勉強するより「いますぐに勉強しないと！」という意識が高まると思います。

やる気の出し方をもっと知りたいと思った人は、ぜひ市川伸一先生の『勉強法の科学―心理学から学習を探る―』（岩波書店）を読んでみてください。私もやる気を出して勉強を頑張るので、みなさんもいっしょに頑張りましょう！

ゆっぴーの大学生活

少し前ですが、夏休みにイギリスとフランスに行きました。

イギリスでは、現地で働く東大卒業生の職場を訪問する東大主催のプログラムに参加しました。先輩はチャレンジ精神旺盛な人ばかりで、とてもかっこよかったです。そんな先輩の考え方に刺激されて、私も将来は世界で活躍したいという思いが強まりました。ちなみにミーハーな私がとくに感動したのは、JALロンドン支店の訪問です。到着したばかりの飛行機の操縦席に乗せていただき、気分はパイロットでした（笑）。

イギリスだけでも十分満足したのですが、せっかくなのでその後の1週間でフランスも旅しました。憧れのパリの街並みをひたすら歩き回ったり、少し足を伸ばして映画「ハウルの動く城」のモデルになったとされるコルマールという街を散策したりと、こちらも大充実。

2つの国に行ってみて、住むなら落ち着いているイギリス、観光するなら見所たくさんのフランスかなと思いました。みなさんも大学生になったらぜひ行ってみてください！

フランスの街並み

現役東大生・ゆっぴーに答えてほしい質問を大募集！
あなたの質問にゆっぴーが答えてくれるかも？

QRコードからも!!

あて先　〒101-0047 東京都千代田区内神田2-4-2 グローバル教育出版 サクセス編集室
FAX：03-5939-6014　e-mail：success15@g-ap.com まで質問をぜひお寄せください！

(9) $x^3 - 25x$ を因数分解せよ
(10) $\begin{cases} 3x - y = 9 \\ 2x + 3y = 6 \end{cases}$
(11) $\frac{6}{\sqrt{3}} - \sqrt{2}(\sqrt{54} - \sqrt{50})$

本番まであと少し!

過去問演習でラストスパート

受験本番が近づいてきた冬休みの時期にとくに力を入れてほしいのが過去問演習です。

過去問とは各校で過去に出題された入試問題のことをさし、過去問を解くことでそれぞれの学校の出題傾向を事前に知ることができます。

また、過去問には中学3年間で学んできた内容が総合的に組み込まれているので、過去問演習はこれまで勉強してきたことの総復習にもなるのです。

今回の特集では過去問演習の心得とともに各教科の演習のポイントを紹介しますので、まとまった時間がとれる冬休みにどんどん過去問に取り組みましょう!

解き始める前に知っておきたい！

過去問演習の心得

まずは過去問演習で大切にしてほしい心得を、準備、実践、採点＆復習のそれぞれの場面ごとにまとめました。過去問演習はこれらのことを意識しながら取り組んでください。

まずはしっかり準備しよう！

過去問に取り組む際に気をつけることをおさらいしておきましょう。

過去問準備の心得

一、過去問のタイプは好きなものを

二、第１志望校は５年ぶん解く

三、全受験校の過去問に目を通す

過去問集はおもに書店で販売されています。公立校のものは都道府県別、私立校の場合は学校別に冊子になっていたり、国立・公立・私立の難関校の問題と解答が１冊の分厚い本になっていたりします。また、冊子ではなくプリント状でバラバラに分けられるパターンのものもありますので、自分が使いやすいものを選んでください。

もし、志望校の過去問集が出版されていない場合は、学校の窓口で購入できることもありますので問い合わせてみましょう。ただし、この場合は解答・解説がないこともあります。

第１志望校の過去問はせめて５年ぶんは解きましょう。その他の学校もできれば３～５年ぶん、併願校が多くてこなしきれないときは、１年ぶんでもいいので、受ける学校の過去問には必ず触れておくことが大切です。出題傾向や問題構成など、各校で特徴が異なりますから、受験前にそれを知っておくのと、知らずに本番を迎えるのでは、気持ちの面でも大きな差が生じます。過去問に１度も目を通さずに本番を迎えるということは絶対に避けましょう。

とはいうものの、試験科目は３～５科目あるので、５年ぶん解くとなるとかなりの時間を要します。だからこそまとまった時間がとれる冬休みは、過去問に取り組むのに最適なのです。

さて、５年ぶん解くときに古いもの、新しいものどちらから解き始めるかですが、これはどちらでもかまいません。しかし、５年のうちに傾向が大きく変わっている学校もあるかもしれませんので、一番新しいものは最後の総まとめとしてとっておくことをおすすめします。一番古いものから順番に取り組むもよし、２年前のものから過去にさかのぼって最後に昨年度のものに取り組むもよし、自分の好きな年度のものから始めてください。

また、学校によっては、合格最低点・合格者平均点・受験者平均点などのデータが公表されています。まず目標とすべきは合格最低点です。多くの学校では６～７割程度が合格最低点であることが多いので、データが載っていないときはこの数値を目安にしてみてください。

ワンポイントアドバイス　どうしても時間が足りないという人は、得意な教科、苦手な教科のどちらかだけ取り組むのもＯＫです。解くだけ解いて復習をしないより、やる科目をしぼって復習まできちんと行うことで、苦手を克服したり、得意をさらに伸ばしたりする方がよいでしょう。

準備が整ったら、いざ、実践！

過去問演習は本番の試験のような気持ちで取り組むのが鉄則です。

過去問実践の心得

一、制限時間はきちんと計測する
二、途中休憩・ながら勉強は×
三、難問を捨てる勇気を持つ

まず大切なのが、タイマーなどを使ってきちんと時間を計測すること。最初は制限時間内にすべて解ききらなくても大丈夫。徐々にペース配分もわかってきますし、解くスピードもあがってきます。

そして、実際の試験時間が50分であった場合、50分間は途中で休憩をはさまず、最後まで過去問と向きあいましょう。もちろん、音楽を聞きながらなどといった「ながら勉強」も禁物です。試験会場にいるようなイメージで取り組みましょう。

難しい問題ばかりで歯が立たないと思っても、時間内は諦めずに粘ってみてください。本番でも難問にあたることは考えられます。演習を通じて本番でも諦めない心を養っておきましょう。それでもどうしても解けない問題に遭遇したら、潔く捨てる勇気も必要です。合格には100点が必要なわけではないので、難問を解くのに必死になり、本来なら解けたはずの問題を解けずに終わる方がよくありません。

解けなかった問題は制限時間終了後にもう１度挑戦を。時間をかけても無理な場合は解説をよく読み、塾や学校の先生に疑問点を尋ねてみましょう。

ワンポイントアドバイス　スタートしたらまずは大問の数や問題構成を把握しましょう。どこにどんな問題があるかわかっていれば、残り時間で解く問題を取捨選択できます。国語の漢字問題や、英語の発音問題は他の問題と関連性がなく独立しているので、早めに解いておくと◎。

さあ、演習の仕上げ！ 採点&復習をしよう

過去問演習の肝とも言える採点と復習でさらに実力を伸ばしましょう。

過去問採点の心得

一、自分に厳しく採点する
二、２色採点でケアレスミス撲滅
三、記述問題は部分点を意識

採点は「ケアレスミスだから」「本当はわかっているから」と○をつけてしまわずに、自分に厳しく行いましょう。ケアレスミスがなかなか減らない人は、２色採点を試してみてください。ペンの色は何色でもいいので、例えば赤ペンで解答通りの採点をしたあと、青ペンでケアレスミスの箇所を採点します。青で○した箇所が本当の正解になればどれくらい得点できていたのかがひと目でわかり、ケアレスミスをなくそうという意識が高まります。

記述問題の採点は部分点を意識してみてください。解説と見比べて、表現が多少違っていても要点を押さえられていたら部分点をつけてＯＫです。それでも判断が難しいときは、塾や学校の先生に見てもらうようにしましょう。

過去問復習の心得

一、解答・解説をよく読む
二、間違った理由を分析する
三、得点は気にしないこと

効率よく復習するコツは、解答・解説をしっかり読んで理解したあと、間違えた理由（知識不足、ケアレスミス、超難問など）を分析することです。きちんと分析することで弱点が明確になり、いまの自分に必要な勉強がわかります。

過去問を何年ぶんも解くと、年度によって得点にばらつきが出てくると思いますが、それは気にしないことです。問題の難易度は年によって変わってくるので、仕方ない部分もあるからです。それよりも間違えた問題がどんな問題なのか復習をしっかりして、同じ間違いを繰り返さないようにしましょう。

また、復習ノートを作る場合、それにかかりっきりで肝心の過去問演習が疎かになっては本末転倒ですので、時間との兼ね合いに気をつけましょう。

国語の過去問演習は、どうしても長文読解がメインになりますから、まずは集中して取り組める環境のもとで行うように心がけましょう。

苦手な人にとっては、国語は敬遠しがちな科目だと思いますが、長文読解は慣れが重要です。入試本番が近づいてきたこの時期にしっかりと時間をかけてこなしていくことが大切です。

POINT

1：読むスピードは繰り返すことで速くなる

2：確実に得点できる知識問題を落とさない

3：公立受験の場合は作文などの対策を怠らずに

読むスピードと理解度の両立を

気をつけなければならないのが、本文を速く読むことを意識しすぎると、内容がきちんと頭に入ってこないことがあるという点です。9ページで説明しているように、演習時には本番と同じ時間設定で臨むのが好ましいですが、そのために文章が理解できないということになっては本末転倒です。

なかなか慣れない人は、まずは本文を理解できるスピードで読むことから始めてみてください。問題を解く時間を計り、それを短くしていけるように回数を重ねて、読むスピードと理解度のバランスを取れるようにしてみましょう。繰り返すことで成果は出てきますので、初めに触れたように、集中して取り組んでください。

読み進めていく際には、本文や設問に自分なりのルールでチェックをつけていきます。「繰り返し出てきた言葉をチェックする」「接続詞に気をつける」といった項目です。

ただ、こうしたルールも多すぎるとかえって問題を解くスピードが下がる一因になってしまいますので、数を増やし過ぎないように気をつけましょう。

知識問題は日々の積み重ねが大切

知識問題は日々の積み重ねが大切です。漢字や熟語、ことわざなどは知らなかったり覚えていなければ正解できません。過去問演習に加えて漢字などの学習を日々積み重ねていくことで、確実に得点できるようにしましょう。

また、国語が得意な人は、もったいない失点を避けることを頭において問題に取り組むといいでしょう。漢字などの知識問題を落とさないようにすることはもちろんのこと、記述問題も空白の解答欄を作らず、できるだけしっかりと埋めていくことを意識しながら演習を積み重ねてください。

公立を志望している人の場合は、自分が受験する公立と私立の難易度を比較し、レベルが高い方の過去問演習を中心にすると効率的です。ただ、私立を中心にする場合、公立につきものの作文などの問題がない学校もありますので、注意するようにしましょう。

教科別 過去問対策

Mathematics

数学

数学における過去問演習の最も大切なポイントは、演習を終えたあとの復習です。

解けなかった問題は解法を整理する

まずはどの問題が解けて、どの問題が解けなかったのかをチェックします。そして、不正解だった問題について、どうして正答できなかったのか、理由を考えます。原因がケアレスミスであれば、それは本番でも起きうることです。

ケアレスミスの種類はさまざまです。単純な計算ミスという場合もあれば、計算の＋、－といった符号をつけ間違ったり、計算式を立てるときに問題文から人数・個数などを転記ミスしたり…。

「次はできる」ではなく、同じミスをしないようによく心にとめておきましょう。ノートなどに書き出しておくのもいいでしょう。

解けなかった理由がケアレスミスではなく、解法がわからなかったためであれば、解答と解説をもとに解き直してみてください。そうすることで、「なぜこの公式を使うのか」「どうしてこの解法がここで必要なのか」といったことが整理できるはずです。こうした作業を怠り、解答を見たときにわかったつもりになっていると、本番で同じような問題が出たときに後悔することになるかもしれません。

図形や関数の問題は4つのポイントを意識

苦手な人が多い図形や関数の問題については、過去問演習に臨む際に次の4つのポイントを意識してみましょう。

①問題文にある条件を正しく理解できているか（問題文をきちんと理解し、それぞれの問題ごとにどの定理や公式を使うべきかを意識しているか）

②補助線を適切に引くことが習慣化されているか（図形問題では補助線をいかに引くことができるかが大切ですので、問題ごとに適切に補助線を引くことが習慣づけられているか）

③演習に出てきた定理や公式はそこで覚える

④わからない数字を文字で置き換えられているか（未知数を文字で置き換えることが、関数の問題や文章題では非常に重要）

公立志望の場合、東京のように独自問題を出題する学校が第1志望であれば、その対策を過去問演習を通して重点的に行いましょう。そして、私立も出題形式の違いを理解しておくために、3年ぶんほど解いておくといいでしょう。

そうでない公立を志望する場合は、私立の方が問題のレベルが高いことが多いので、私立の過去問を中心に解くのがいいでしょう。

POINT

1：解けなかった問題は必ず確認

2：ケアレスミスは「次はできる」で流さない

3：理解できるまで解法をチェック

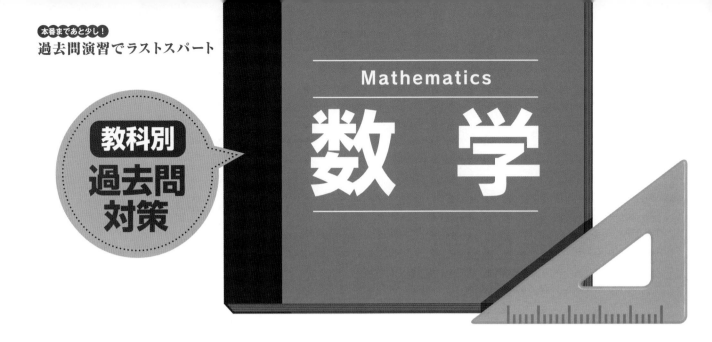

教科別
過去問対策

English

英語

POINT

1：長文読解のスピードアップにはまず単語力

2：長文中の単語すべてを日本語に訳す必要はない

3：リスニングは慣れてくれば得点源になる

一番苦手な人が多いのが長文読解でしょう。まだあまり慣れていない人は、志望校の過去問演習において、自分がどれぐらいのスピードで本文を読み、解答できるかを計るところからスタートしましょう。

単語力は必要だが すべてわからなくても大丈夫

長文読解において、繰り返してもなかなか本文を読むスピードがあがらない、理解ができないという場合、そのレベルに合った単語力が不足しているということが、考えられる一番の理由です。そういう人は、これからでもまだ間に合いますから、単語や熟語を覚える勉強を怠らずに続けましょう。

ただ、本文に出てくる単語・熟語のすべてがわかる必要はありません。1語ずつ日本語に訳していると、どうしてもスピードは落ちてしまいます。とくに公立に比べて私立は知らない単語が出てくる割合も高くなるので、そこで立ち止まらずに、前後の文脈や言葉から意味を推測しつつ読み進められるように心がけることも重要です。

リスニングもまた、苦手とする人が多い分野ですが、慣れが肝心です。公立校の過去問集などにはCDがついているものがありますから、そういったものを手に入れて、何度も聞くようにしましょう。

面倒に感じるかもしれませんが、じつはリスニング問題の難易度はあまり高くなく、これまで苦手としていた人でも、慣れてくれば得点源になる場合もあります。

記述問題や英作文は、条件をしっかりと確認すること、そして、部分点がありますから、解答欄は白紙にせず、積極的に取り組むことを意識しましょう。

他教科同様に 復習は欠かせない

そして、やはり英語においても復習は欠かせません。答えあわせをしたあとに、間違った箇所はなぜ間違ったのか、どこで間違ったのかをきちんと分析するようにします。わからなかったのは単語なのか、文法なのか、その原因をはっきりさせておきましょう。

英語が得意な人も同様です。間違えた問題をいまの時点で徹底的に復習しましょう。そうすれば、現時点でできていない部分をフォローするという点でも過去問演習を利用することができます。

公立志望者の場合は、基本的に公立対策を中心において過去問演習を行います。そのうえで併願予定の私立の過去問も解いていくことをおすすめします。併願校の出題傾向が公立とまったく異なる場合も、公立が本当に第1志望であれば、その対策に時間を取られすぎないように気をつけましょう。

教科別
過去問対策

Social Studies & Science

社会 理科

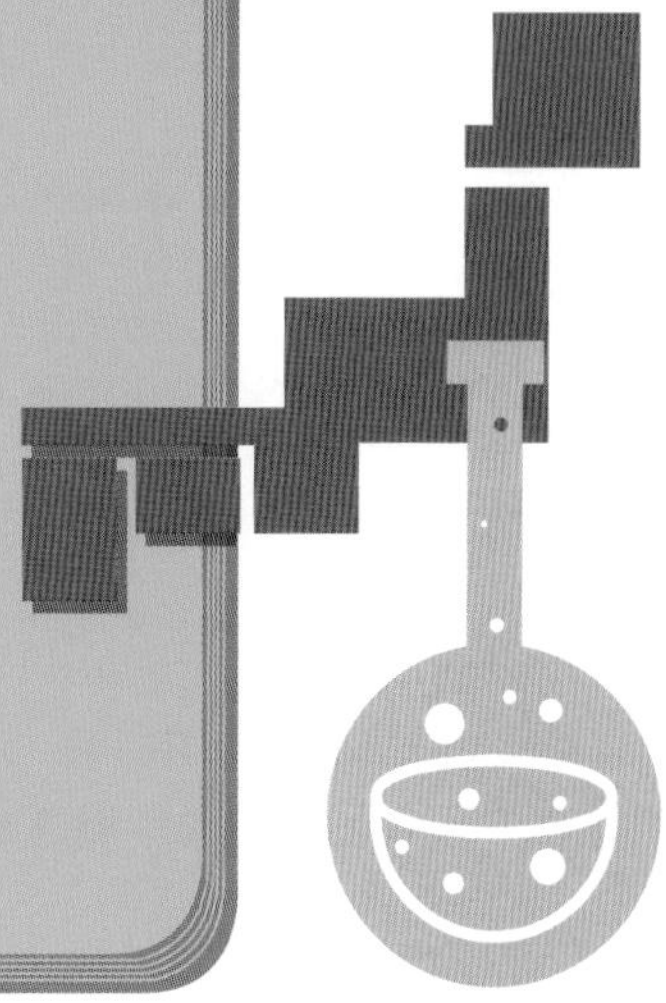

POINT

社会 用語そのものだけではなく、背景なども結びつけることで暗記の効率アップ

理科 解きやすい問題から解けるようにすれば時間配分が楽に

社会

社会の過去問演習は、5年ぶんなら5年ぶん、集中的に行うと効果的です。たとえ苦手な人でも、それだけの量を一気にこなすことで、その学校の出題傾向・パターンが見えてくるからです。

問題の種類としては地理・歴史・公民という3つのジャンルごとに出題されるのが基本ですが、近年はそれぞれが融合したような問題も増えていますので、注意が必要です。

用語の暗記は関連づけて覚えよう

復習は、間違った部分の用語だけを覚え直すのではなく、「関係性」でとらえることを意識しましょう。地理であれば地形、気候、産業を結びつけて覚える、歴史は人物の名前や出来事の年号だけではなく、その人物や出来事の背景などを関連づけて覚えることで、効率的に覚えられますし、文章題などへの対策にもなります。公民も、毎日接するニュースや日常生活と結びつけながら覚えることで、具体的にイメージしておくといいでしょう。

社会が得意な人は、志望校のものよりも難易度の高い学校の問題を解いてみましょう。国立志望の場合は、関西の私立の問題を解くと、さらに力がつきます。公立志望者は、国立や国立高専の問題に挑戦してみるのもいいでしょう。

理科

理科が得意でない人は、まず演習を通じて時間配分を要領よく行えるようにしていきましょう。知識問題など、わかっていればすぐに解ける問題を把握して、先に解くことを意識づけられれば、時間配分が楽になってくるはずです。

器具の名称から実験結果の意味までトータルで覚える

必ずといっていいほど出題される実験・観察に関する問題では、その実験によってどんな結果が導き出されるかを覚えておくのが当然なのは言うまでもありませんが、実験の手順や結果にいたる過程、結果の意味、さらに実験・観察の注意事項や方法についても理解するようにしましょう。さらに、使用する器具も、その名称に加えて、使い方や、なぜそのように使うのか、といったところまで覚えるようにしてください。

理科では計算問題も出題されます。苦手な人もいると思いますが、難易度はそんなに高くないことが多いですから、復習の際に丁寧に理解するようにしておくといいでしょう。

理科が得意で、さらに点数を伸ばしたいという人は、社会同様に国立志望者は関西の私立の問題に、公立志望者は国立の問題にチャレンジしてみてください。

サクラサク
合格必勝アイテム

入試が目前に迫ってきた。一生懸命頑張る受験生の強い味方、合格必勝アイテムを紹介しよう。実用的な文房具からユニークなグッズまで色々あるよ。

目が飛び出る!? めでたいだるまマスコット

その名の通り、握ると目が飛び出すだるまのマスコット。「めが出る」→「芽が出る」でおめでたい。ペンで顔やメッセージを書き込めるから、大切な人に書いてもらえば、勇気ももらえて、世界にたった１つの君だけのお守りになるね。色は赤、青、黄、ピンク、緑の５色展開。

「めが出るだるま」 450円+税／大王製作所

3名

デザインのモデルとなったADVANのタイヤ

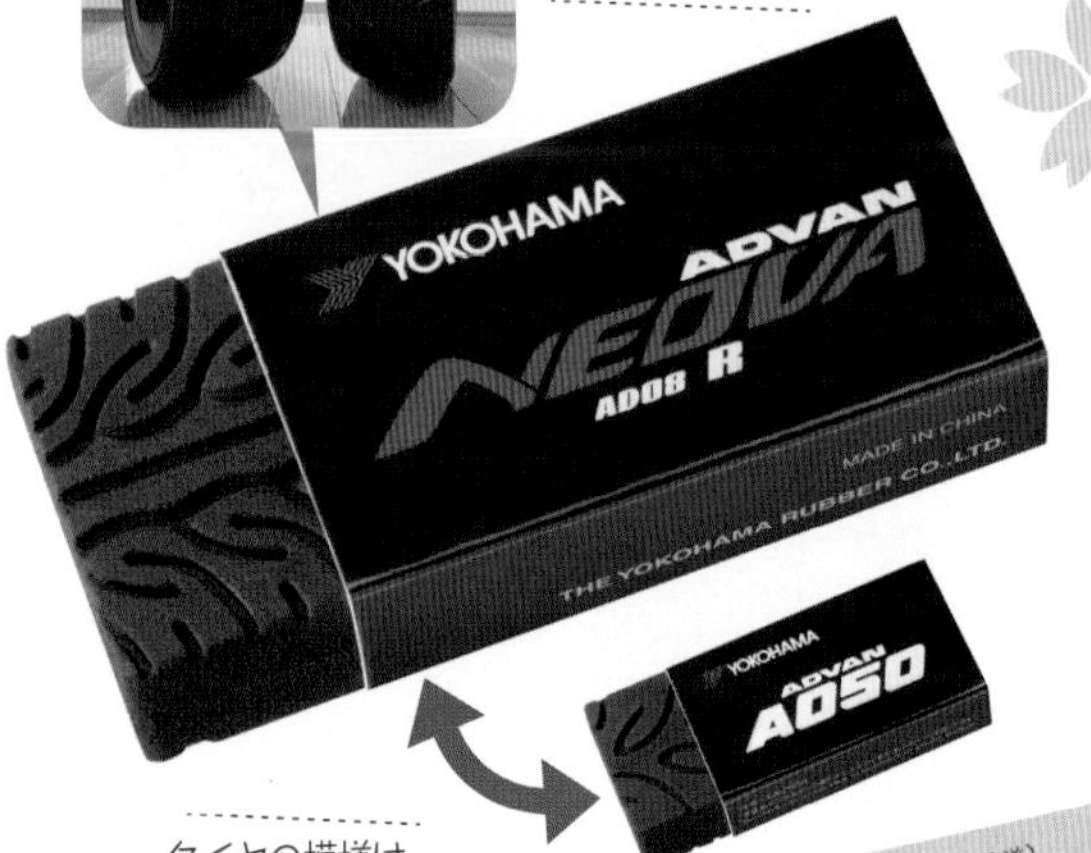

タイヤの模様は両面で違う！

「滑りにくい!?」タイヤ模様の消しゴム

優れたグリップ力を持ち「滑りにくい」タイヤとして知られるヨコハマタイヤの「ADVAN」。そのパターンをデザインした消しゴムが受験生に大人気！ 横浜ゴム系列のタイヤショップで購入できるよ。

「ADVAN消しゴム」 380円+税／横浜ゴム

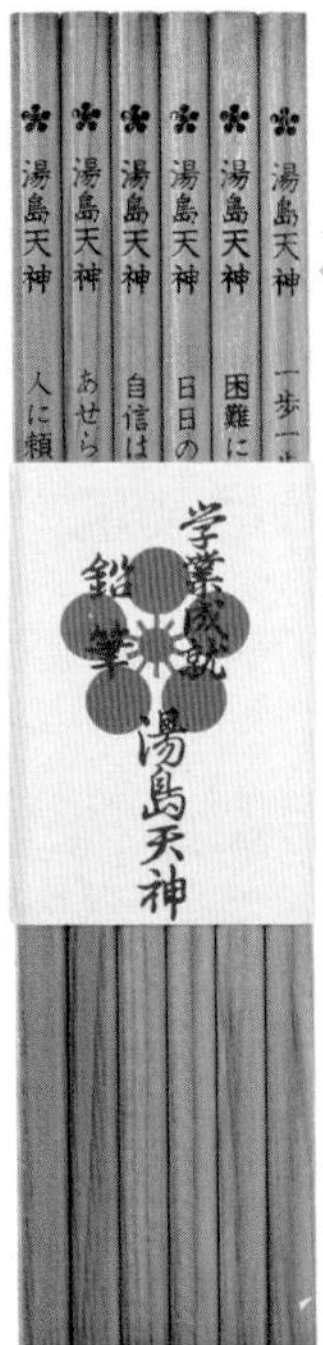

ご利益抜群!? 祈祷を受けた鉛筆

学問の神さま・菅原道真をまつっていて、多くの受験生が合格祈願に訪れることで有名な湯島天満宮では、ご祈祷を受けたありがたい学業成就鉛筆を求めることができる。12本セットで、そのうち６本には格言が入っているよ。

「学業成就鉛筆」 600円／湯島天満宮

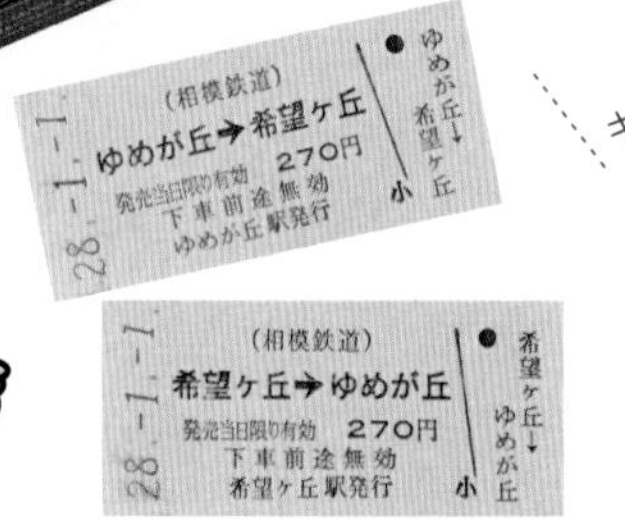

もらって嬉しいキャンペーングッズ

ゆめと希望を抱く合格祈願切符

相模鉄道の「希望ヶ丘駅」から「ゆめが丘」間の切符は、「希望」と「ゆめ」という縁起のいい名前が印字されることから、合格祈願のお守りとして人気だ。12月25日からは切符を購入するとオリジナルグッズをもらえる「ゆめきぼ切符キャンペーン」も実施されるよ。※グッズは数量限定、なくなり次第終了です。

「ゆめきぼ切符」 270円（乗車券大人料金）／相模鉄道

ダルマ刺繍がポイント♪

足裏には渦巻き模様が！

合格のサクラを咲かせよう

紙でできた木に、備えつけのマジックウォーターをあげると12時間かけてゆっくりと花が咲く不思議な不思議な「Magic桜」。入試に合格することを「サクラサク」って言ったりするから縁起がいいよね。君も合格に向けて自分だけのサクラを咲かせてみては？

「Magic桜」 815円+税／OTOGINO

足もとからダルマが見守るかわいい５本指ソックス

だるまの刺繍がかわいい５本指のスクールソックスは、大阪樟蔭女子大の学生と杉山ニット工業が連携して開発したもの。足裏には幸せを呼び込み脳に刺激を与えると言われる渦巻き模様を配置。履き心地よくあたたかい靴下で、冬の受験シーズンを乗りきろう！サイズは22～24cmだよ。

「ダルマもりソックス」 1,000円+税／杉山ニット工業 **3名**

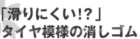

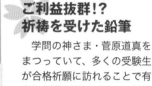

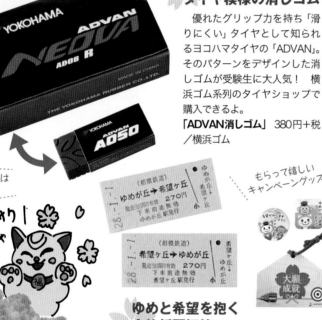

落とさないワイヤーが君を落とさない!?

カプセルに入っているのは、懸《けん》垂《すい》式モノレールのワイヤーだ。これは、車両を「落とさない」ために取りつけられていたワイヤーだから入試に「落ちたくない」受験生にぴったり！　種類はキーホルダータイプと根付けタイプ、それぞれ赤と青の２つがあるよ。

「落ちるのワ！イヤ　落ちないお守り Lucky Monorail Charm」
371円+税／千葉都市モノレール

8名

キーホルダータイプ（青）はこちら

使い心地◎ 受験生のための鉛筆

各1名

どちらも受験生を対象に数量限定で発売されている鉛筆。マークシート用は濃くはっきりと書けて、消しゴムできれいに消せる芯を採用。机で転がりにくいキャップもついていて嬉しいね。グリッパー鉛筆は、緊張して汗をかいても滑らずしっかり握れるような加工がされているんだ。

（左）**「マークシート用鉛筆 無地 3本セット」**　300円+税／三菱鉛筆
（右）**「グリッパー鉛筆 無地 3本セット」**　180円+税／三菱鉛筆

かわいい縁起もの消しゴム

カラフルでかわいい、お守りの形とだるまの形をした消しゴム。こんなにかわいいのに、ちゃんと字も消せるよ。机の上で、ペンケースのなかで、勉強の合間に受験生を和ませてくれそうだね。

「おもしろ消しゴムお守りシリーズ、必勝だるまシリーズ」　各50円+税／イワコー

お守り・必勝だるま各1つずつ　5名

「置く」と入試に「パス」できる!? オクトパス君の文鎮

宮城県南三陸町の名産であるタコをモチーフにしたキャラクター、オクトパス君。「オクトパス＝置くとパス」というダジャレから、合格祈願の置きものに大変身！　いつも見えるところに置いて、見守られながら勉強しよう。

「ゆめ多幸鎮オクトパス君（赤）」
1,389円+税／南三陸復興ダコの会

1名

滑らない秘密はつぶつぶとした突起

滑らない特殊加工のだるまメモ

10名

縁起のいいだるまの形をしたメモ。しかもこのメモ、台紙の裏に施された滑り止め加工のおかげで机にピタッと固定されるから、片手で書いても滑らないんだ。合格の２文字が輝くだるまメモに願いを込めて受験も滑らず合格しよう。

「スベらないメモ　合格だるま」　280円+税／ビジョンクエスト

5を書く定規で「合格」!?

5名

持ち歩けるオクトパス君グッズもあるよ。南三陸町の杉を使ったこの小さな五角形は、じつは３㎝の目盛りがついた定規。真ん中の「5」の部分に鉛筆を差し込んで「5」を書くと…そう、「5を書く」と「合格」をかけたアイテムなんだ。

「5を書く定規」　463円+税／南三陸復興ダコの会

左のマークがある商品を抽選でプレゼントします。ご希望の方は、①希望する商品の名称②郵便番号③住所④氏名⑤年齢⑥『サクセス15』を読んでのご意見ご感想を明記のうえ、右記のあて先までハガキ、メール、FAXにてご応募ください。色は選べません。

〒101-0047 東京都千代田区内神田2-4-2　グローバル教育出版　合格必勝アイテムプレゼント係
email：success15@g-ap.com　FAX：03-5939-6014
※応募締切1月15日（金）。当選者の発表は商品の発送をもってかえさせていただきます。

「知の日比谷」がスローガン 文武両道のなかでの全人教育を貫く

HIBIYA HIGH SCHOOL

東京都立日比谷高等学校

東京都　千代田区　共学校

都立高校のナンバーワンとして、都立校の教育改革の先導役を担う日比谷高等学校。進学指導重点校の指定に加え、「SSH」「東京グローバル10」「SGHアソシエイト」にも指定され、さらなるグローバル人材の育成に力が入れられています。教養主義の姿勢と進学指導の充実化による難関大学合格者の増加が顕著です。

武内《たけうち》　彰《あきら》 校長先生

創立138年を迎えた伝統ある名門進学校

東京都立日比谷高等学校（以下、日比谷）は、1878年（明治11年）に東京府第一中学校として開校され、1950年（昭和25年）に現在の東京都立日比谷高等学校という名称になりました。2001年（平成13年）に進学指導重点校に指定され、さまざまな学校改革を推進しながら、都立高校改革の先導役を担い、2015年（平成27年）には創立138年を迎えています。

武内彰校長先生は、スローガンである「知の日比谷」について、「長い歴史により培われた本校の理念である『文武両道』を貫きながら、全人教育を行っていく日比谷の姿勢を1つのキーワードとして表したものです。また、『自主・自律』の校風も伝統ですが、生徒を放任するという意味ではありません。教員は生徒に寄り添って支えながら彼らの成長を見守ります。しかし、最後は教員の手を離れ、自立に向かうことが大事だと考えているのです。

日比谷は、都立のトップ校としての自覚とともに、全国の公立高校のけん引校という認識を持っています。大学に入ることを目的として高校3年間を過ごすのではなく、文武両道をしっかりやっても、自分の夢や希望をかなえていける学校であること。そしてそうした卒業生が社会に出てからリーダーとして活躍できるということ。本校はこうした教育を、国立校・私立校でなく、公立校のなかで実践していく存在でありたいと思っています」と話されました。

全人教育のモットーのもと 時代に応えた改革も実施

前期・後期の2学期制が採用されている日比谷。授業は1コマ45分で、1日7時間制となります。

校舎

星陵像

教室

体育館

校舎南側

正門

アクセスのよい都心に位置する学校です。校舎は2014年（平成26年）に改修工事が完了し、快適な学習環境が整っています。

授業の質は高く、自ら学び、学問の本質を探究する姿勢が培われます。とくに工夫されているのが、2時限目と3時限目をつないで行われる90分授業です。1つの授業でより深く学ぶことができます。

カリキュラムは教養主義がモットーとされ、全科目必修です。1・2年次は共通履修で、理科は2年次までに物理基礎・化学基礎・生物基礎・地学基礎と、それぞれの基礎を身につけることができます。3年次には選択科目が設けられ、文類型と理類型に分かれます。

2年次の数学と英語、3年次の英語では、2クラスを3展開した習熟度別授業が行われています。また、必修授業以外にも、希望者を対象とした自由選択科目（第2外国語など）があり、意欲ある生徒に応えるカリキュラムが用意されています。

補習・講習も充実しています。土曜日は希望制の土曜講習となり、1・2年生は年に7～8回程度、毎月第1・第3・第5土曜日のいずれかに、3年生はほぼ毎週実施されています。夏期講習は、夏休みを1週間ずつⅠ～Ⅵ期に分け、1時限90分、月～金曜日までの5日間を1講座として、各学年を対象に100講座程度設定され、生徒は希望する講座を選んで受講します。

充実した教科・進学指導が行き届いている日比谷ですが、2020年度大学入試制度変更を見据え、武内校長先生は「いますぐアクティブラーニングを重視した教育へ転換しようという考えはありません。教員による一方的な知識の伝達ではなく、教員からの投げかけに対して、生徒たちがそれぞれ抱く考えを表現し、またそうしたさまざまな意見を聞くことでさらに自分の思考を深めていけるような『知のネットワーク場面』を授業のなかで作っていきたいと考えています。集団で学ぶ喜びを味わせながら、基礎となる知識を3年間で身につけさせたいです。

その一方で、英語教育については

転換を図りました。読む・聞く・話す・書くの4技能を育みながら、難関国立大の2次試験にも対応できるような授業への転換をめざしています。JETプログラム（語学指導等を行う外国青年招致事業）により配置された2名のネイティブスピーカーとも協力し、英語の教育内容を見直しました。ICTを活用してアメリカのCBSニュースを教室で見るというようなユニークな方法を採用するなど、英語をアウトプットする活動を通して、インプットするモチベーションを高めるような授業が目標です」と話されました。

グローバルリーダー育成をめざす多彩な取り組み

SSH（スーパーサイエンスハイスクール）指定2期目を迎えた日比谷では、1年次に全員がSSH教育に参加し、個人またはグループで課題研究を行います。

「2年生以降は、理科系部活動の所属生徒を中心に探究活動を続け、さまざまな科学コンテストへ参加するなど、積極的に活動しています。また、東京大をはじめとした大学・研究期間と連携した講演会や、各種野外実習・海外派遣研修も実施しています。」（武内校長先生）

今年度より新たな取り組みも始まりました。東京都は、世界をリードするグローバル都市の実現のための人材育成に向けて、10年後を見据え積極的に国際理解教育を推進する先導的学校「東京グローバル10」を設定し、日比谷も指定を受けました。

「これは、『国際理解教育の充実』『英語教育の改善』『グローバルリーダーの育成』の3つをおもな取り組みとしており、なかでも本校では『グローバルリーダーの育成』に力点を置いています。

新たな取り組みとして、ボストン・ニューヨーク海外派遣研修を実施しています。希望者のなかから選抜された生徒たちが、地球規模の食料問題の解決策の探究に取り組みます。その成果を、海外派遣研修の際に、アスペン研究所というシンクタンクを訪れ、世界の第一線で活躍する著名な専門家の方々の前で発表します。さらに、ハーバード大、マサチューセッツ工科大、FRB（米連邦準備銀行）、国連本部など国際社会の最先端となる現場を見学するなど、貴重な体験ができる研修です。

また、本校は『SGHアソシエイト』にも指定されています。SSHで培った教育内容も活かしながら、

学校生活

夏山キャンプ

部活動（剣道部）

星陵祭

修学旅行

合唱祭

臨海教室

スキー教室

体育大会

学校行事や部活動も充実。星陵祭（文化祭）は全クラスが教室で演劇を行います。古式泳法を体験する臨海教室など、特色ある行事もめだちます。

今後は人文科学や社会科学の分野でもグローバルリーダー育成をめざした教育を積極的に実践していきたいです。」（武内校長先生）

日比谷の独自問題に込められたメッセージ

日比谷の進路・進学指導は、3年間かけて計画的に指導するプログラムが作られています。

とくに毎年4月と10月に実施される「進学指導検討会」は、生徒個人の入試・定期考査・外部模試の結果や成績の推移を分析するもので、進学指導に活かされていきます。

キャリア教育では、2年生の3月に行われる「星陵セミナー」があります。各界の第一人者として活躍する卒業生が講師となるゼミ形式の講座が約20講座同時に開催される内容で、生徒にとって有意義な時間となります。

武内校長先生は「入試では、国語・数学・英語で本校独自問題を出題しています。本校の独自問題を通して、受検生のみなさんにつけてきてほしい力をメッセージとして送っています。それは本校入学後も、将来を見据えた勉強をしてほしいという思いがあるからです。1日のなかの文武両道をしっかりと両立するという意欲を持ち、勉強・学校行事・部活動すべてに全力で取り組みたいという受検生に来ていただきたいと思います」と語られました。

全国の公立高校のなかで、東京大合格者数2年連続トップという実績をあげる日比谷高等学校は、これからもフラッグシップ校として注目され続けることでしょう。

グローバル10

アスペン研究所訪問

MIT訪問

国連本部訪問

SSH

東京大安田講堂講演会

SSHの「ボストン・ハワイ島研修」、グローバル10の「ボストン・ニューヨーク海外派遣研修」など日比谷独自の海外研修制度が注目を集めています。

MIT訪問（ボストン研修）

すばる天文台（ハワイ島研修）

2015年度(平成27年度)大学合格実績（ ）内は既卒

大学名	合格者	大学名	合格者
国公立大学		私立大学	
北海道大	10(6)	早稲田大	155(57)
東北大	6(4)	慶應義塾大	131(45)
筑波大	10(2)	上智大	43(7)
お茶の水女子大	4(1)	東京理科大	74(32)
東京大	37(18)	青山学院大	30(9)
東京医科歯科大	4(2)	中央大	37(18)
東京工大	9(3)	法政大	21(9)
東京外大	8(2)	明治大	109(44)
東京学芸大	7(2)	立教大	35(9)
一橋大	14(4)	国際基督教大	2(1)
大阪大	3(3)	学習院大	4(2)
京都大	4(1)	津田塾大	18(5)
その他国公立大	58(23)	その他私立大	176(94)
計	174(71)	計	835(332)

School Data

所在地　東京都千代田区永田町2-16-1

アクセス　地下鉄丸ノ内線・千代田線「国会議事堂前駅」、地下鉄銀座線・南北線「溜池山王駅」徒歩7分、地下鉄有楽町線・南北線・半蔵門線「永田町駅」、地下鉄銀座線・丸ノ内線「赤坂見附駅」徒歩8分

生徒数　男子504名、女子469名

TEL　03-3581-0808

URL　http://www.hibiya-h.metro.tokyo.jp/

2学期制　週5日制　7時限　45分授業

1学年8クラス　1クラス約40名

No.221 School Navi

共学校　埼玉県　加須市

開智未来《かいちみらい》高等学校

School Data

|所在地| 埼玉県加須市麦倉1238
|生徒数| 男子201名、女子189名
|TEL| 0280-61-2033
|URL| http://www.kaichimirai.ed.jp/
|アクセス| JR宇都宮線・東武日光線「栗橋駅」、JR宇都宮線「古河駅」、東武伊勢崎線「加須駅」「羽生駅」「館林駅」、JR高崎線「鴻巣駅」スクールバス、東武日光線「柳生駅」徒歩20分

人間と学力を育てる 未来へつながる教育

個性や学力を伸ばしながら国際人としての英語力も養う

2011年（平成23年）に開校した開智未来高等学校では、「人間と知性をともに育てる」をモットーに日々の教育を展開しています。

「人間を育てる」、この思いが最も表れているのが全学年で行われる「哲学」の授業でしょう。校長先生が自ら担当し、「なぜ学ぶのか」「リーダーとは何か」「自由と自律」などのテーマが取り上げられています。授業を通じて、生徒は自分自身と向きあい、幸せや生きることについて改めて考えるようになるのです。

また、将来に向けて、生徒の個性や才能を育てることも大切にされており、1年次には「才能発見プログラム」が実施されています。1人ひとりが自分の好きなテーマについて、教員の指導を受けながら1年間かけて研究を行うプログラムで、テーマは「源氏物語をマスターする」「食べ物の栄養価について」「和歌の心を理解する」といった各々の個性が感じられるものばかりです。

学習面では、1年次から3つのクラスが編成されます。東京大や京都大、医学部医学科をめざすT未来クラス、難関国公立大や早稲田大、慶應義塾大などの最難関私立大に向けて学力を伸ばすS未来クラス、国公立大や中堅私立大への合格を目標とする開智クラスがあります。

成績や学習姿勢、意欲などに基づき、毎年クラス替えが行われ、2年次からは、さらに文系・理系に分かれます。

自習環境も整っており、朝は7時20分から、夜は部活動の練習を終えた生徒にも対応できるように19時45分まで自習用の大教室が開放されています。

普段の授業以外にも、定期考査前に集団で自習を行う10時間勉強マラソンや、高1・高2合同で実施される勉強合宿などのプログラムで生徒の学力を向上させます。

また、「国際社会に貢献する心ゆたかな〝創造型・発信型〟リーダーの育成」を目標として、国際人を育てる取り組みも行われています。

例えば、アメリカの高校で使われている世界史の教科書を英語で学ぶ未来ゼミや、2年次に6泊8日で実施するカナダ環境フィールドワークなどがあります。こうしたプログラムでは、英語での論文作成や発表、ディベートにも挑戦し、国際人として必要な英語力をしっかりと身につけていきます。

生徒の個性、才能を大切にしながら、人間と学力を育てる開智未来高等学校。未来へ向けて、生徒1人ひとりが大きく成長できる学校です。

No.222 School Navi

女子校　東京都　豊島区

川村《かわむら》高等学校

School Data

所在地	東京都豊島区目白2-22-3
生徒数	女子のみ314名
TEL	03-3984-8321
URL	http://www.kawamura.ac.jp/cyu-kou/
アクセス	JR山手線「目白駅」徒歩１分、地下鉄副都心線「雑司が谷駅」徒歩７分

感謝の心を持ったしなやかでたくましい女性を育成

ＪＲ山手線・目白駅から徒歩1分という交通至便な立地の川村高等学校（以下、川村）。教育目標に「豊かな感性と品格」「自覚と責任」「優しさと思いやり」を掲げ、「感謝の心」を持ち合わせた女性の育成をめざしている学校です。

川村の校章には「三羽の鶴」がかたどられており、中央の鶴は生徒で、その両端を支える鶴が保護者と教職員を意味しています。生徒・保護者・教職員が連携した三位一体の教育を実践する川村らしさが表れた校章と言えます。

さまざまな力が身につく川村での学校生活

川村では授業時間を十分に確保するために2学期制を導入、土曜授業も行います。数学と英語では全学年で習熟度別授業を展開し、1人ひとりの学力を確実に定着させ、わからない部分をしっかり解消するようにしています。

授業内容は、各教科とも「考える力」「伝える力」を身につけることに主眼がおかれています。例えば英語の授業では、毎年7月にスピーチコンテストを実施します。原稿のテーマはとくに定められていないため、それぞれが自分で文章を考え、他者への伝え方を試行錯誤していきます。これが「考える力」「伝える力」の養成につながります。

また、総合的な学習の時間に各学年で行うのが「生き方を考える力」を育成するプログラムです。高1の「職業探究プログラム」は、教室内で企業のインターンシップを体験する取り組みで、企業から与えられたミッションの解決に向けて班ごとにアイディアを出しあい、最終的にプレゼンテーションを行います。このプログラムを通して働くことの意味や楽しさを見出すことが、生き方を考えるきっかけとなるのです。

情操教育や健康教育にも力を入れています。情操教育としては、一流の芸術に触れるための「芸術鑑賞会」の開催、奉仕精神で作った作品をバザーで販売し、収益金を寄付する「記念作業」などがあげられます。そして、毎日の検温結果や体力テストの結果を「健康ノート」に記録し、体調管理に気を配りながら体力増進にも励むのが健康教育です。

さらに川村では高校生も全員で給食を食べ、それを「会食」と呼んでいます。会食を通じて命の恵みに感謝する心を育て、食事のマナーについても学びます。もちろん会食で提供されるのは、栄養バランスが考えられたとてもおいしいメニューの数々です。

川村高等学校の生徒は、これらの教育を通してたくましく生きる力を身につけ、それぞれの夢へと羽ばたいていきます。

FOCUS ON

東京都　私立　共学校

法政大学《ほうせいだいがく》
高等学校

付属校だからこそできる 主体的・創造的な人間教育

飯田《いいだ》 亮三《りょうぞう》 校長先生

School Data

所在地
東京都三鷹市牟礼4-3-1

アクセス
京王井の頭線「井の頭公園駅」徒歩12分、JR中央線「吉祥寺駅」徒歩20分

TEL
0422-79-6230

生徒数
男子324名、女子365名

URL
https://www.hosei.ed.jp/

- 3学期制
- 週6日制
- 月～金曜6限、土曜4限
- 50分授業
- 1学年6クラス
- 1クラス38名

2016年（平成28年）に創立80周年を迎える法政大学中学高等学校は井の頭公園や玉川上水といった豊かな自然環境に囲まれている学校です。法政大学の付属校として、将来の進路について考える機会が多々用意されており、未来を創り出す「確かな学力」と「豊かな人間力」が育まれています。

法政大の精神「自由と進歩」を継承

法政大学高等学校（以下、法政大高）は、1936年（昭和11年）に創立された法政中学校・法政大学商業学校を前身とします。その後、変遷を経て、2007年（平成19年）に校舎が現在地に移転、共学化、新しい制服やカリキュラムが導入されました。

法政大は、1873年（明治6年）に政府の法律顧問として来日したフランス人・ボアソナード博士の尽力によって発展していきました。彼は東京法学校（法政大の前身）に教頭として赴任し、法政大で建学以来、培われてきた「自由と進歩」の精神も、彼の影響を強く受けたものです。

そして、法政大高でもその精神が継承され、「自主自律」を基本としながら、「確かな学力」と「世界や日本の社会の進歩に貢献する自立した人間」の育成がめざされています。

「法政大の前身である東京法学社・法学校が作られたのは、自由民権運動の高揚期にあたる1880年代のことでした。フランス自然法のボアソナード博士は、長年日本で仕事をし、日本の近代化に大きな貢献を行い、日本近代法の父と呼ばれます。そのボアソナード博士が、法政の自由と進歩の基盤を作りました。

『人を害するなかれ』という博士の言葉が残されていますが、世の中にはさまざまな人がいて色々な問題が起こります。けれども、人と人とは共生しなければなりません。社会でよりよく豊かに生きていくためには、人権について考えることは不可欠です。本校は受験校ではなく『自主自律』を掲げる付属校です。受験勉強にとらわれることなく、自分の頭で考え判断し行動できる力を身につけてほしいと願っています。」（飯田亮三校長先生）

1年次から混合クラス カリキュラムは文理融合

クラス編成は高1から高入生と付属中学から進学してくる内部生の混合です。こうした編成は、高入生と内部生を差別化せずに、同じ法政ファミリーとして温かく迎え入れたいという学校側の思いの表れでもあります。4月には高入生と内部生の親睦を深めるためのオリエンテーションキャンプも開催されます。「毎年の中3生全員の校長面接で感じることは、高入生が入ってくるのを心待ちにしている内部生が多いということです。高入生が生徒会長を務める

こともあります。高入生であることがマイナスになることはまったくありません」と飯田校長先生。高入生の入学によって内部生も新たな刺激を受けるなど、互いにいい影響を与えあっているそうです。

カリキュラムは大学や社会人を見据えて文系・理系問わず幅広く豊か

授業

ゼミ形式で討論する授業やクラスメイトの前で発表する授業、グループワークを行う授業など、多彩な授業が展開されています。

学校風景

緑に囲まれた広々とした中庭は、生徒たちの憩いの場となっています。学校のいたるところで語らう姿も見受けられ、生徒たちの笑顔があふれる学校です。

な教養や視野を身につける「文理融合」の考えから、文系・理系を分けるクラス編成はしておらず、文系科目も理系科目もまんべんなく学べるようになっています。そして、高2は週4時間、高3は週10時間の必修選択科目が設けられており、進路を考えながら科目を選択できます。

選択科目は大きく分けて①自然科学領域②人文・社会科学領域③コミュニケーション領域の3つの領域に分かれています。なかには法律やマスコミ、簿記など大学での学びにつながるような授業や、英語の原書を読んで感じたことを発表しあったり、ある企業がよりよく発展していくための考えをプレゼンしたりする少人数のゼミ形式の授業もあります。

また、期末試験終了後から終業式までの期間を「特別講座期間」として設定しており、1学期末には夏期特別講座、2学期末には冬期特別講座が実施されています。授業時間は90分となり、さまざまな授業のなかから1日ごとに好きな講座を選択して受講します。内容も50分授業ではできないような中身の濃いもので、例えば、映画を観てその内容について討論する授業、裁判の傍聴や博物館などを訪れるフィールドワーク的な授業、ノーベル平和賞を受賞したマララさんのスピーチについて考える授業、大豆から豆腐を作る家庭科の授業など多岐にわたります。

英語教育に注力 海外研修はカナダへ

法政大高ではとくに英語教育に力が入れられています。授業では、「英語力と国際性」「コミュニケーション能力」「豊かな感性」の育成を柱とし、自分の考えを自分の言葉で表現できる力を身につけていきます。

英検やTOEICなどの検定試験への取り組みも積極的に奨励しており、各学年で設定された目標数値の達成を全員がめざします。

海外研修プログラムも用意されています。行き先は昨年度まではイギリスでしたが、今年度からカナダに変わりました。高1～高3の希望者を対象に、カナダ・ブリティッシュコロンビア州のケロウナの地で、約2週間ホームステイをしながら現地校へ通います。海外研修について飯田校長先生は「豊かな自然の残るカナダのなかで、カナダ人にとってもケロウナは魅力的な土地柄です。教育水準も高く、我々が求めているものに合致しました。

現代は、多様な人々とコミュニケーションをとったり、そうした環境

部活動の参加率は約9割。多くの生徒が熱心に活動しています。中高いっしょに活動する部もあれば、別々に活動する部もあります。

部活動

スポーツ大会

おもに午前は球技種目、午後は騎馬戦やトラック種目を行います。生徒によって自主的に運営されているため、年によってルールが変わることもあるそうです。

修学旅行の行き先は沖縄とシンガポールの２種類があり、好きな方を選択します。

修学旅行

鈴掛祭

共学化前は中庭にあるシンボル、プラタナスの木にちなんで「プラタナス祭」と呼ばれていた文化祭。共学化を機に「鈴掛《すずかけ》祭」と改められました。クラスごとの催しは、展示発表よりも迷路や縁日など、来校者がいっしょに楽しめるものが多くなっています。

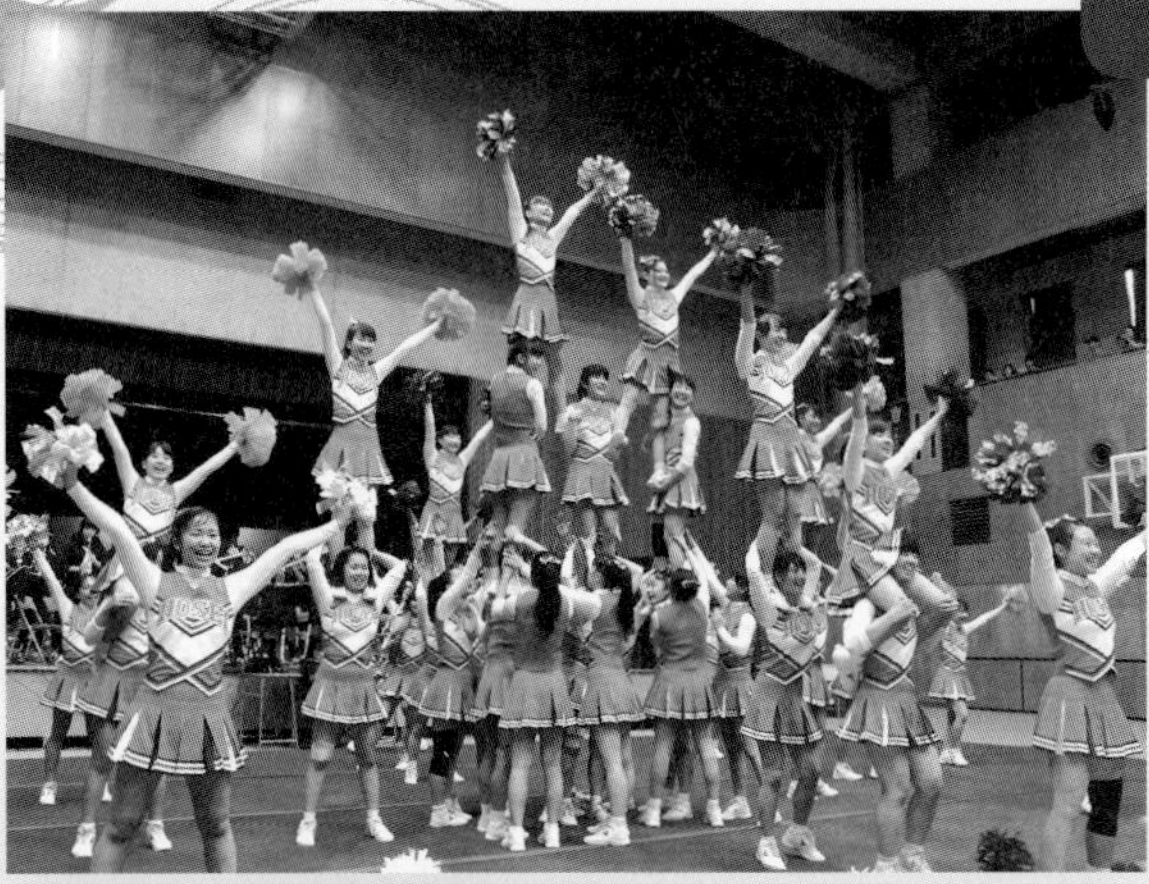

のなかで臆せず生活するということが求められます。研修を通じて豊かな体験をしてきてもらいたいと思っています」と語ります。

早い段階から法政大の一員としての自覚を促す

法政大へは例年、卒業生の約85％が推薦で進学しています。推薦権は、高校3年間の総合成績や英語資格試験、国語基礎力確認テストで法政大が定める基準を満たせば得ることができます。また、一定の条件の下、法政大の推薦権を保持したまま私立・国公立を問わず、他大学を受験することもできます。

法政大について知り、自己を見つめ、自分の進路を決めていくための取り組みとしては、高1で「ウェルカムフェスタ」や「キャンパス見学会」が用意されています。当然のことながら、文理問わず、幅広い視点で進路を考えてほしいとの考えから、都内3つのキャンパス（市ヶ谷・多摩・小金井）すべてに足を運びます。

高2では法政大に進学した卒業生を招いて、大学生活や大学での学びについて語ってもらう講演会を実施します。ほぼすべての学部・学科に進学した卒業生を招くため、自分が進みたいと考えている学部の先輩に出会うことができます。

そして、進学学部が内定した高3の3学期には法政大へ進学するための準備講座が設けられており、高校3年間の学習の集大成や大学で学びたいことをテーマとして卒業論文・レポートを作成したりします。こうした授業や取り組みのなかで、将来をより深く考えていきます。

最後に飯田校長先生に法政大学高等学校のよさについて伺いました。

「本校は、ほかの法政大の付属校に比べて適正な規模の共学校といえます。教員と生徒との距離も近いので、興味のあることに自由に取り組みやすい。大規模な学校は大規模な学校としてのよさがありますが、小回りの利く本校では気軽に挑戦できる環境がメリットです。挑戦したいことがまだ見つかっていない生徒も、自分がしたいことについてじっくり考えることができる学校だと思います。」

2014年度（平成26年度）法政大学進学実績

学部名	進学者数
法学部	26
文学部	20
経済学部	21
社会学部	21
経営学部	26
国際文化学部	9
人間環境学部	13
現代福祉学部	3
キャリアデザイン学部	15
スポーツ健康学部	4
GIS	4
情報科学部	3
デザイン工学部	9
理工学部	8
生命科学部	5
計	187

和田式教育的指導

いよいよ受験直前期。残りの約2カ月間は、ラストスパートの時期といえるでしょう。出遅れてしまった受験生も、ここで諦めてはいけません。この時期、徹底的に「量」をこなすことで、逆転できる可能性が大いにあります。最後のビッグチャンスなのです。

受験直前のいまだからこそ徹底的に「量」をこなそう

1日にできる勉強量は春と比べて何倍も多い

入試直前期といえば、多くの人が、「もうあまり時間がない」と焦ったり、諦めたりしてしまいがち。「そろそろ少し緩めてみたら?」「受験前だしリラックスした方がいい」など、勉強量を減らすことをすすめてくる人も出始めるでしょう。

しかし、私はそれに同感できません。むしろ、この時期だからこそ、追い込みだと思って徹底的に勉強量をこなすことをおすすめします。

なぜなら、中3春の自分と現在の自分を比べたら、勉強の効率が格段にあがっているはずだからです。

同じ勉強時間数のなかで勉強したとしても、何倍もの量がこなせるようになっているでしょう。英語を読んだり、数学を解いたりするスピードが速くなり、また、勉強にも慣れてムダな行動をしなくなっているでしょうから、うまくすると1日に4～5倍くらいできるのではないでしょうか。つまり、残り2カ月間で、1年ぶんくらいの勉強が十分できるほどの力を身につけているのです。

和田先生のお悩み解決アドバイス

Q イライラして家族にあたってしまう

Hideki Wada

和田秀樹

1960年大阪府生まれ。東京大学医学部卒、東京大学医学部附属病院精神神経科助手、アメリカのカールメニンガー精神医学校国際フェローを経て、現在は川崎幸病院精神科顧問、国際医療福祉大学大学院教授、緑鐵受験指導ゼミナール代表を務める。心理学を児童教育、受験教育に活用し、独自の理論と実践で知られる。著書には『和田式　勉強のやる気をつくる本』（学研教育出版）『中学生の正しい勉強法』（瀬谷出版）『難関校に合格する人の共通点』（共著、東京書籍）など多数。初監督作品の映画「受験のシンデレラ」がモナコ国際映画祭グランプリ受賞。

ポテンシャルを活かし最後まで諦めないで

さらにこの時期は、「受験直前期」というよい緊張感が、勉強の効率をあげてくれます。いつもダラダラしてしまうタイプの人にとって、大きなチャンスの時期なのです。

春から夏休みにかけては、まだ気持ちに余裕があり、長時間集中して勉強することができなかった人も多いでしょう。しかし、受験を目前に控えたいまなら、10時間でも12時間でもシャキッと集中できるはずです。膨大な量の勉強をこなせるポテンシャルを、だれもが手にできる時期だといえるのです。こんなにたくさん勉強できる時期に、やらない手はありません。ですから、諦めてはならないのです。模試でD判定、E判定だった人が、大逆転して合格する例もたくさんあります。それは、みんなラストスパートに成功した人たちです。もし、いまの時点で「出遅れた」と感じているのであれば、これからやり始めればいいのです。意外とできるはずですから。

得意科目で気分をあげより効率的に進めよう

勉強量をこなせる時期だからといって、試験に出ないところばかりを覚えても仕方ありません。過去問を見るなどして、出題されそうなところから手をつけていきましょう。

ただし、高校入試は比較的まんべんなく全範囲から出題されます。「歴史なら近現代」といった形で、入試に頻出する範囲がある程度定まっている大学入試とは違うので、油断できません。必要な内容を見落とすことなく、地道にきちんとこなす意識が大切です。また、苦手科目ばかりを克服しようとしていると、気分が滅入ってしまいます。得意科目を伸ばすことも忘れてはなりません。例えば、1日10時間勉強するなら、苦手科目を3時間、得意科目を7時間に設定するなど、気分があがるように工夫しましょう。

A 睡眠・食事・日光が不足していませんか

確かに、受験期はイライラしやすくなるもの。そういった時期であることを、家族に理解してもらうのも大切です。一般的にイライラの原因としては、睡眠が足りない、おなかが空いている、日光にあたっていない、この3つのいずれかである可能性が高いと考えられます。例えば、肉の摂取量が不足したり、日光にあたらないことが続いたりすると、心のバランスを整える作用を持つ脳内の神経伝達物質・セロトニンが減少し、イライラしやすくなるのです。「では、睡眠・食事・日光はそれぞれどのくらい必要？」という質問をよく受けますが、この答えは1人ひとり異なります。大切なのは、どのくらい寝ると調子がいいのか、どのくらい食べると集中力が続くのか、早い時期から自分で自分の最適な量を知っておくこと。ただし、睡眠については、5時間を切ると記憶力の低下を引き起こすことが明らかにされています。いずれにしても、受験前でも無理をせず、よく寝て、よく食べ、よく日光にあたることを意識していきましょう。

教えてマナビー先生！

世界の先端技術

▶マナビー先生

日本の某大学院を卒業後海外で研究者として働いていたが、和食が恋しくなり帰国。しかし科学に関する本を読んでいると食事をすることすら忘れてしまうという、自他ともに認める“科学オタク”。

search 人工「クモの糸」

高い特性を持っている「クモの糸」その人工合成成功に世界が注目

クモの糸ってじつはすごい特性を持っているんだ。科学者が調べてみると強さは鋼鉄の４倍、伸縮性はナイロンを上回り、耐熱性は300度を超える。カーボンファイバーより軽量なこともわかっている。

もし、直径１㎝のクモの糸で巣を作ることができたら、飛んでいるジェット旅客機だって捕まえることができるのだそうだ。

よく見るクモの巣だけど、じつは非常に優れた特性を持っているんだ

こんな優れた機能を持ったクモの糸を人工的に作ろうと、世界中の科学者が努力してきたけれど、なかなかうまくいかなかった。例えば、絹糸を作り出す蚕のように飼育してみようと挑戦した人もいたけど、クモは互いに縄張り争いをするし、餌も集めるのが大変で断念せざるをえなかったという。

でも、そんなクモの糸の量産化に、日本のスパイバーという会社が成功した。

どうやってクモの糸を作ることができたんだろうか。クモの糸はタンパク質でできている。そこで、あるバクテリアに遺伝子組み換え技術を使ってクモの糸と同等なタンパク質を作らせ、できたタンパク質を粉にして分離することに成功したんだ。

何度も何度も実験を繰り返し、バクテリアが効率よくタンパク質を製造できるような環境を作り上げて、繊維の元となるタンパク質の粉を大量生産することができたんだけど、そのあと繊維にするのも大変だった。溶かして小さな穴から押し出して繊維を作るのだけれど、クモの糸のタンパク質は溶けにくいんだ。そこで試行錯誤を繰り返し、安全かつ低コストで溶かす技術を確立することができた。

こうして人工クモ糸繊維「QMONOS（クモノス）」が完成した。しかも天然のクモの糸を超える性質の繊維まで作ることもできたという。

このバクテリアは工場でどんどん増やすことができるから、石油資源のような枯渇の心配もない。小資源の日本にとって嬉しい技術の誕生だね。

クモの糸の技術を使ってもっともっと機能に優れ、強靭な素材ができる可能性が広がっている。

産業分野では、強くて軽量で伸縮性もある自動車ボディを作ることもできるし、飛行機、ロケットなどの輸送機器、さらに電子機器、医療分野では手術用の縫合糸や人工血管など、用途は無限に広がっている。

伸縮性のあるボディができあがったら、自動車が衝突したときの衝撃を吸収することもできる。

この技術の広がりが本当に楽しみだね。

※このページは31ページから読んでください。

にも３が入るのだ。

「それでは、サイコロが５個、６個と増えていったら、どうなるのだろう？」という疑問を抱いた人はエラ〜イ!! それは高校進学後に、高校の数学の授業でしっかり学ぶとよい。

結局のところ、1296回（＝６×６×６×６回）投げて360回（＝６×５×４×３回）異なることになる。

1296回を360回で割ると正解が出る。$\frac{6\times5\times4\times3}{6\times6\times6\times6}=\frac{5}{18}$

正解 (ii) $\frac{5}{18}$

最後は、法政大高で出された問題だ。

「あ」,「い」,「う」,「え」,「お」の５文字すべてを用いてできる文字列を，五十音順に「あいうえお」を１番目,「あいうおえ」を２番目,「あいえうお」を３番目, ……,「おえういあ」を120番目としたとき，30番目を答えなさい。

まず、問題をしっかり理解しよう。「五十音順に」とあるが、どういうことだろう？　１番目から３番目まで並べてみると、

１番目　あいうえお
２番目　あいうおえ
３番目　あいえうお

ということになる。並びの違いを見ると、２番目は最後の２つ（＝え・お）を入れ替えている。つまり、最初の３つ（＝あ・い・う）は動かさないのだ。なぜだろう？　それは「五十音順」だからだ。

「五十音順」というのは国語で学ぶ事柄だ。それを数学の事柄に流用しよう。国語の「あいうえお」を数学風にすると「12345」になる。「あ→い→う→え→お」が「五十音順」なら、「１→２→３→４→５」は何順だろうか？　そう、数の小さい順だ。

それに気づけば、あ＝１、い＝２、う＝３、え＝４、お＝５と置き換えることができるとわかる。そうすると次のように置き換えられる。

１番目　１２３４５（じつは、あいうえお）
２番目　１２３５４（じつは、あいうおえ）
３番目　１２４３５（じつは、あいえうお）

こうしてみると、１番目（＝１万２千３百４十５）から順に数が大きくなっているのがわかるね。

120番目の「おえういあ」は54321（＝５万４千３百２十１）だ。それは、12345からスタートして順に数字を入れ替えていくと、だんだん大きくなっていって、最後（＝120番目）には、54321になるということだ。

以上のように、問題の意味がわかれば、あとは難しくない。

さて、４番目はいくつだろう？　12435の次に大きいのは12453で、その次は12534、さらに次は12543だ。

４番目　12453（じつは、あいえおう）
５番目　12534（じつは、あいおうえ）
６番目　12543（じつは、あいおえう）

ここまでで、下３桁の並べ替えは終わりだ。そうすると今度は下４桁の並べ替えだよ。

７番目　13245（じつは、あういえお）
８番目　13254（じつは、あういおえ）
９番目　13425（じつは、あうえいお）
10番目　13452（じつは、あうえおい）
11番目　13524（じつは、あうおいえ）
12番目　13542（じつは、あうおえい）
13番目　14235（じつは、あえいうお）
14番目　14253（じつは、あえいおう）
15番目　14325（じつは、あえういお）
16番目　14352（じつは、あえうおい）
17番目　14523（じつは、あえおいう）
18番目　14532（じつは、あえおうい）
19番目　15234（じつは、あおいうえ）
20番目　15243（じつは、あおいえう）
21番目　15324（じつは、あおういえ）
22番目　15342（じつは、あおうえい）
23番目　15423（じつは、あおえいう）
24番目　15432（じつは、あおえうい）

ここで下４桁の並べ替えが終わって、いよいよ下５桁の並べ替えになる。

25番目　21345（じつは、いあうえお）
26番目　21354（じつは、いあうおえ）
27番目　21435（じつは、いあえうお）
28番目　21453（じつは、いあえおう）
29番目　21534（じつは、いあおうえ）
30番目　21543

この「21543」を五十音に戻すと「いあおえう」になる。

正解 いあおえう

以上のように丹念に解かなくても、やや難しいけれども、数学の得意な人、数学のセンスのある人なら、もっと手短に処理する解き方もある。興味のある人は学校や塾の数学の先生に尋ねるといい。

※このページは31ページから読んでください。

け丁寧に説明しよう。実際に投げてみればわかるだろうが、以下のようになるんだね。

＜表・表・表＞、＜表・表・裏＞
＜表・裏・表＞、＜表・裏・裏＞
＜裏・表・表＞、＜裏・表・裏＞
＜裏・裏・表＞、＜裏・裏・裏＞

このうち、「２回だけ表が出る」のは＜表・表・裏＞＜表・裏・表＞＜裏・表・表＞だから、８パターンのうちの３パターンだ。

正解 $\frac{3}{8}$

上の問題をかなり複雑にしたのが、慶應義塾志木で出された問題だ。

４個のサイコロを同時に投げるとき，次の確率を求めよ。
(i)　すべて同じ目になる確率
(ii)　すべて異なる目になる確率

サイコロを同時に投げた(＝振った)ときの目の出方は、次のようになるね。

サイコロが１個なら、１～６で６通りだ。

２個なら、６通りが２つだから、６×６で36通りだ。３個なら６×６×６で216通りで、４個なら６×６×６×６で1296通りもある。

さて、(i)だ。４個とも同じ数になるのは、１・１・１・１とか、２・２・２・２というふうに、６・６・６・６まで、６通りしかない。

1296通りのうちの６通りだから、$\frac{6}{6\times6\times6\times6}=\frac{1}{216}$

正解 (i) $\frac{1}{216}$

(ii)は、次のように考えるとわかりやすい。

まず、４個をA、B、C、Dとしよう。そのうちAとBの２個だけに限って考えるとこうなるね。

Aの目	1	1	1	1	1	1
Bの目	1	2	3	4	5	6

Aが１の場合、Bの目が異なるのは６回中５回だ。そうすると、Aの目１から６まですべてで、36回(＝６×６回)で30回(＝６×５回)異なることになる。

では、サイコロを３個(A・B・C)にするとどうなるだろう。Aの目が１の場合、以下のようになる。

Aの目	1	1	1	1	1	1	1	1	**1**	**1**	**1**	**1**	1	**1**	1	**1**	**1**	**1**
Bの目	1	1	1	1	1	1	2	2	**2**	**2**	**2**	**2**	3	**3**	3	**3**	**3**	**3**
Cの目	1	2	3	4	5	6	1	2	**3**	**4**	**5**	**6**	1	**2**	3	**4**	**5**	**6**

Aの目	1	**1**	**1**	1	**1**	**1**	1	**1**	**1**	**1**	1	**1**	1	**1**	**1**	**1**	**1**	1
Bの目	4	**4**	**4**	4	**4**	**4**	5	**5**	**5**	**5**	5	**5**	6	**6**	**6**	**6**	**6**	6
Cの目	1	**2**	**3**	4	**5**	**6**	1	**2**	**3**	**4**	5	**6**	1	**2**	**3**	**4**	**5**	6

３個とも目が異なるのは、太字で示したように、20ある。36回(＝６×６回)に20回(＝５×４回)だ。これをもとに、Aの目１～６すべてを考えると、全部でこの６倍になるのだから、216回(＝６×６×６回)投げて120回(＝６×５×４回)異なることになる。

同じように、サイコロ４個(A・B・C・D)を考えてみよう。数学が得意中の得意という人なら、もうわかるのではないだろうか。そうとも、1296回(＝６×６×６×６回)投げて360回(＝６×５×４×３回)異なることになる(～～～の所を見比べてごらん)。

だが、わからない人の方がきっと多いだろう。そういう人はやはり表を作って考えてみよう。

◎Aの目とBの目が異なる場合

Aの目	1	1	1	1	1	1	1	1	1	1	1	1	1	1	1	**1**	**1**	**1**
Bの目	2	2	2	2	2	2	2	2	2	2	2	2	2	2	2	**2**	**2**	**2**
Cの目	1	1	1	1	1	1	2	2	2	2	2	2	3	3	3	**3**	**3**	**3**
Dの目	1	2	3	4	5	6	1	2	3	4	5	6	1	2	3	**4**	**5**	**6**

Aの目	1	1	**1**	1	**1**	**1**	1	1	**1**	**1**	1	**1**	1	1	**1**	**1**	**1**	1
Bの目	2	2	**2**	2	**2**	**2**	2	2	**2**	**2**	2	**2**	2	2	**2**	**2**	**2**	2
Cの目	4	4	**4**	4	**4**	**4**	5	5	**5**	**5**	5	**5**	6	6	**6**	**6**	**6**	6
Dの目	1	2	**3**	4	**5**	**6**	1	2	**3**	**4**	5	**6**	1	2	**3**	**4**	**5**	6

Aの目とBの目が異なるとき、４つの目がすべて異なるのは36回(＝６×６回)に12回(＝４×３回)だね。

では、同じ場合はいくつあって、異なる場合はいくつあるだろうか。

すでに(i)で解いたように、AとBが同じ場合は６回あり、異なる場合はその５倍の30回あるね。つまり、36回中30回は異なり、６回だけ同じになる確率だ。

また、すでにわかっているように、A、B、Cの３つでは、異なるのは216回中120回だ。

サイコロが２個の場合→36回中、30回異なる
＝６×６回中、６×５回異なる

サイコロが３個の場合→216回中、120回異なる
＝６×６×６回中、６×５×４回異なる

サイコロが４個の場合→1296回中、(　　)回異なる
＝６×６×６×６回中、６×５×４×□回異なる

じつはサイコロが１つ増えると、

６×５⇒６×５×４⇒６×５×４×３

のように、異なる回数が増えるのだ。上の(　　)にも□

Tasuku Masao

教育評論家 正尾 佐の 高校受験指南書

[百九の巻]

今年出た大学附属・系列校の問題1

数学

今号からは、「今年出た大学附属・系列校の問題」シリーズを始める。

10月号の「今年出た難しい問題・数学」で、立教新座で出された確率の問題を取り上げたが、それの流れで、今号も確率問題を解いてみよう。

いま、首都圏の大学で受験者の数が最も多いのは明治大学、つまり明治大が人気ナンバーワンというわけだね。そこで、明治大の付属校・明大中野の問題からスタートしよう。

1個のサイコロを3回振り，出た目の順にそれぞれ百の位，十の位，一の位の数とし，3けたの整数を作りました。この整数が5で割ると1余る数になる確率を求めなさい。

これは「3けたの整数」とあるから、ややこしそうにみえるが、じつは基本の問題だね。

「5で割ると1余る数」というのは、一の位が1か6の数だ。たとえ十の位がどんな数であれ、百の位がどんな数であれ、それは関係がない。

とにかく一の位が1か6でありさえすれば、「5で割ると1余る数」になる。

一の位が1か6であるのは、サイコロを3回目に振ったときに1か6が出るときだから、確率は6回振ったら2回、つまり3回に1回ということになる。

正解 $\frac{1}{3}$

次は日大二高の問題を解こう。

大小2個のさいころを振ったとき，大きいさいころの目をa，小さいさいころの目をbとする。このとき，$(a-b)(a+b-4)=0$となる確率を求めよ。

$(a-b)(a+b-4)=0$が成り立つには、$(a-b)$が0であるか、$(a+b-4)$が0であればいいのだよね。

$(a-b)=0$は$a=b$と同じだし、$(a+b-4)=0$は$a+b=4$と同じだ。

$a=b$というのは、大きなさいころの目と小さなさいころの目が同じ数のときだ。

$a+b=4$というのは、片方の目が1でもう片方の目が3のときと、どちらも2のときだ。それらを表にすると、

大きいさいころの目の数(＝a)	1	2	3	4	5	6	1	3
小さなさいころの目の数(＝b)	1	2	3	4	5	6	3	1

このように8回だ。

ところで、2つのさいころを振って出る目の数の組み合わせは、何通りだろうか。6×6で、36通りだね。

目の組み合わせが36通りで、表の目の出方は8通りだから、

$\frac{8}{36}=\frac{2}{9}$ということになる。

正解 $\frac{2}{9}$

続いて、東京電機大高の問題だ。

1枚の硬貨を3回続けて投げるとき，2回だけ表が出る確率を求めなさい。

これも基本の問題だが、確率の苦手な人はひっかかりやすい。それはこんなふうに考えるからだ。

「え〜と、3回投げるんだから、表裏の出方はこうなる。＜表・表・表＞か、＜表・表・裏＞か、＜表・裏・裏＞か、＜裏・裏・裏＞かだ。このうち、2回だけ表が出るのは＜表・表・裏＞だから、4回に1回、4分の1が正解だ！」

もちろん×だよ。こういう考えの人のために、少しだ

国語

東大入試突破への現国の習慣

田中コモンの今月の一言！

何かにガムシャラに打ち込んで、「秘密兵器」を手に入れよう！

グレーゾーンに照準！
今月のオトナの言い回し
「こんなこともあろうかと」

筆者にとってお気に入りの「きめ台詞」でもあります。セリフといっても実際に「こんなこともあろうかと！」と、口に出して言うことはないですし、表向きは涼しい顔をしているのですが、心の中では「してやったり！」と、ガッツポーズをつくっているという具合です。ではなぜ「セリフ」と表現したのかと言いますと、子どもの頃に夢中になったテレビのアニメや特撮ヒーロー物の劇中で、登場人物が発する言い回しとして記憶されているからです。巨大な敵に戦いを挑む主人公といったオハナシですから、筆者が幼稚園児の頃にまでさかのぼると思います。ヒーローが勝って悪役がたおされる、という分かりやすいストーリーですよ。でも、敵もいつも負けてばかりではありません。ヒーローが苦戦して、今回は打ち負かされてしまいそう…テレビを観ている子どもがやきもきするような放送回がたまにはあるのです。そんな場面で活躍するのが、主人公ではないサブキャラクターです。いつものようにはうまくいかない！　という非常事態において、普段は表に出てこない、おそらくは地味な活動をしているであろう研究者が、あわてふためく周囲をよそに、冷静に対処してみせるのです。「博士」と呼ばれたりもして、科学者という設定なのでしょう。その科学者の博士が発するのが「こんなこともあろうかと、密かに開発しておきました」というセリフなんですよ！　幼い筆者はこの「ハカセ」にしびれましたね。オトナの視点からすれば、ドラマの展開に合わせて都合よく「秘密兵器」が登場するなんて「ご都合主義だ！」という批判もありえますが、幼い筆者にとっては毎回活躍する主人公よりも、困ったときにだけ登場する科学者が、憧れの対象となりました。その影響で「ハカセ」を目指して、高校一年生までは京都大学の工学部に進学してロボット工学を研究するつもりでいましたからね（笑）。結局、高校二年生で「文学」に目覚めて、東大の文学部を目指すようになったのですが。

　さて、リアルに「こんなこともあろうかと」と、日本の科学者が「秘密機器」を準備しておいて、世界中を驚かせたのが、小惑星探査機「はやぶさ」の偉業になります。地球から三億㎞も離れたところにある直径五百mの小惑星に行って、石や砂を持ってかえってくるという、とてつもないミッションでしたね。ある人に言わせるとそれは「1・5㎞離れた複合ショッピングモールに五歳児をおつかいに出し、モールのどこかにある小麦粉一粒拾って戻ってこい、というレベルだ」とのことです？　意味は不明ですが、そ

田中《たなか》 利周《としかね》先生

早稲田アカデミー教務企画顧問

東京大学文学部卒。東京大学大学院人文科学研究科修士課程修了。文教委員会委員。現国や日本史などの受験参考書の著作も多数。

の困難さのたとえとしては理解できます。実際に「はやぶさ」のミッションは困難の連続でした。その中でも最大のものは、地球への帰還を目前に、想定よりも三年長い航海を支えてきたイオンエンジンが限界に達し、四台すべてのエンジンが停止してしまった時でした。はやぶさが動かなくなってしまい誰もがあきらめかけたとき、宇宙工学者の國中先生は、「こんなこともあろうかと」密かに仕込んでいた回路を使い、各エンジンの中でかろうじて生き残っていた部品どうしを組み合わせて、一つのエンジンとして動かす「クロス運転」を実現したのです！　決してドラマの「ご都合」で仕込んでいたというわけではありません。科学者として最悪の事態を想定していたからこそ、「こんなこともあろうかと」対処できたのです。

　ロボット工学者の夢は叶わなかった筆者ですが、それでも「こんなこともあろうかと」常に準備していることがあります。筆者は仕事柄、スピーチを依頼されることも多いのですが、最近は「教え子」の結婚式であったり、何らかの授賞式であったりに招かれることも増えてきました。教師冥利につきる嬉しい場面です。こうしたスピーチの依頼というのは、当然、式典に先立ってあらかじめ「お願い」として届くものなのですが、出席の依頼だけでスピーチは特に求められないケースというのもあります。けれども筆者は、まさかのときのために必ずスピーチを準備していきます。発言の機会がなく式典が終了してしまうことがほとんどなのですが、本当に何十回かに一回、突然「ご指名」がかかりスピーチを求められることがあります。そんなときに、「いやいや、何を話していいのか分かりませんよ」と言わないですむように準備しているのです。周りの人には、ハプニングに対して筆者が機転で切り抜けたかのように見えるかもしれませんが、実際には「こんなこともあろうかと」事前に原稿を作って、声に出して読む練習を繰り返してきたことなのです。

慇・懃・無・礼?!
今月のオトナの四字熟語
「我《が》武《む》者《しゃ》羅《ら》」

「何ごとも用意周到に準備して臨むことが大切だ」という教訓ですよね？　と、皆さんは思われたかもしれませんが、それだけではないのです。確かに「オトナの心構え」として「こんなこともあろうかと」を理解するならその通りですが、今回筆者がこの言い回しを取り上げてみようと思ったのは別の観点からなのです。あるアメリカの高校生のニュース映像を見たことがきっかけでした。ニューヨークの高校での出来事だそうですが、メガネをかけたいかにもひ弱そうな男子生徒に、マッチョな二人組の男子生徒が「ダンスバトル」を仕掛けた！　という映像です。大勢集まったギャラリーを前にダンスを披露するマッチョ組。それを見ていたひ弱君に対して「お前もやってみろよ！　できるもんならな！」と、マッチョ組が挑発的な態度をとりました。そこだけみると「コラ！　イジメはいかんぞ！」と注意したくなるような場面なのですが、意外にもひ弱君はこのバトルを受けてたちます。意を決したようにギャラリーの前に歩み出たひ弱君が見せたのは、見事に見た目を裏切った超絶ダンスでした！　ギャラリーは喝采をおくります。特にマッチョ組が失敗してしまった大技も、ひ弱君が成功させたときには、われんばかりの大歓声があがり、これにはマッチョ組も「オーマイガー！」といった様子。最後はお互いにハグして健闘をたたえあうという、まるで青春映画のワンシーンそのものという展開になりました。

　この映像を見た筆者の脳裏に浮かんだのが「こんなこともあろうかと」という言い回しだったのです。しかしながら、ひ弱君は「用意周到に準備していた」というわけではないと思いますよ。「マッチョ二人組をギャフンと言わせてやろう」と機会を狙って、そのために着々と準備を進めていた、という話ではないと思います。ですから、「用意周到」ではなく「我武者羅」という四字熟語を取り上げてみました。

　「向こう見ずにむちゃくちゃに物事をするさま」を意味する四字熟語ですが、辞書に載っている例文が筆者は気に入りました。「我武者羅に勉強する」というものです（笑）。普通は「我武者羅にやるだけではダメだ」というニュアンスで使われます。ちゃんと目的と方法論をもってことに当たるべきである、という意味ですね。けれども「目的」も「方法論」もなしに行動してはダメだ、とだけとらえてしまうと「我武者羅」のもつパワーがなくなってしまう、と筆者は考えます。「向こう見ずに行動を始める」というスタート時点でのパワー、そして「意味もなくやり続ける」というパワーです。ひ弱君も、特に理由もなく我武者羅に人知れずダンスを練習していたのだと思いますよ。

　何かに我武者羅に打ち込むことは、その人の人間としての幅を確実に広げることになります。そしてそれは「秘密兵器」を手の内に隠していることにもつながるのです！

点をL'とすると、AL'：L'C＝AL：LD＝2：1

また、△ALL'∽△ADCより、LL'：DC＝AL：AD＝2：3だから、

LL'＝$\frac{2}{3}$AD＝$\frac{2}{3}$a

△PAK∽△PL'Lより、PA：PL'＝AK：L'L＝$\frac{3}{5}$a：$\frac{2}{3}$a＝9：10

よって、AP：PC＝AP：(PL'＋L'C)＝9：(10＋19×$\frac{1}{2}$)＝**6：13**

⑵　対角線AGと点Pは面AEGC上にあるから、点Qは、右図のように対角線AGと線分PMとの交点。

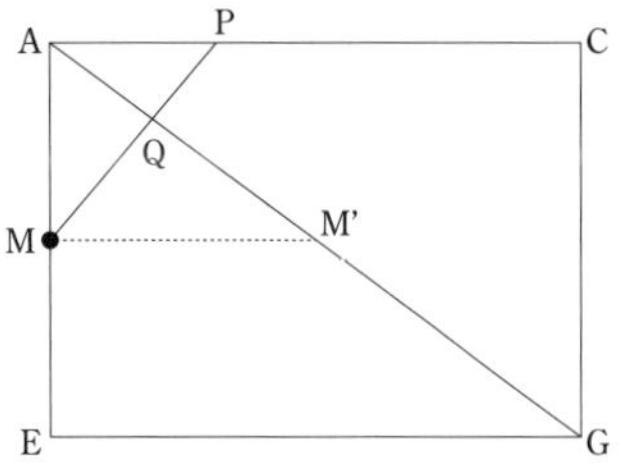

点MからACに平行な直線を引き、対角線AGとの交点をM'とすると、AM'：M'G＝AM：ME＝1：1

また、△AMM'∽△AEGより、MM'＝$\frac{1}{2}$EG＝$\frac{1}{2}$AC

⑴と△QAP∽△QM'Mより、QA：QM'＝AP：M'M＝$\frac{6}{19}$AC：$\frac{1}{2}$AC＝12：19

よって、AQ：QG＝AQ：(QM'＋M'G)＝12：(19＋31)＝**6：25**

最後は、三角すい（正四面体）に関する問題を見ていきましょう。

問題3

図のように，1辺の長さが4cmの正四面体OABCの辺OA，OB，OC上にそれぞれ点P，Q，Rがあり，OP＝1cm，OQ＝2cm，OR＝3cmです。四面体OPQRの体積を求めなさい。　　（筑波大附属駒場）

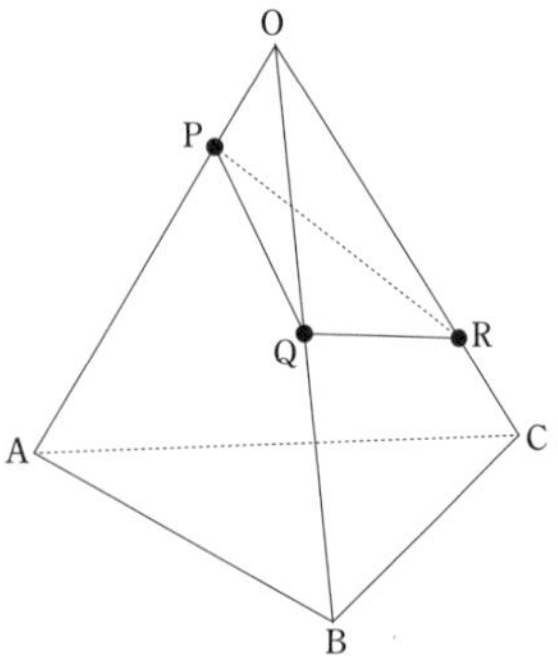

<考え方>

図の四面体OABCにおいて、面OABを底面と見ると、頂点が共通だから、

$$\frac{\text{三角すいOPQRの体積}}{\text{三角すいOPQCの体積}}$$

$$=\frac{\triangle OPQ}{\triangle OAB}=\frac{\triangle OPQ}{\triangle OAQ}\times\frac{\triangle OAQ}{\triangle OAB}=\frac{OP}{OA}\times\frac{OQ}{OB}$$

さらに、面OBCを底面と見ると、頂点が共通だから、

$$\frac{\text{三角すいOPQRの体積}}{\text{三角すいOPQCの体積}}=\frac{\triangle OQR}{\triangle OQC}=\frac{OR}{OC}$$

以上より、

$$\frac{\textbf{四面体OPQRの体積}}{\textbf{四面体OABCの体積}}=\frac{\mathbf{OP\times OQ\times OR}}{\mathbf{OA\times OB\times OC}}$$

が成り立ち、これは、頂点を共有する三角すいについて一般に成り立ちます。

<解き方>

辺ABの中点をMとすると、頂点Oから面ABCに垂線を引いたときの交点Hは、△ABCの重心であり、中線CMを2：1に分ける。

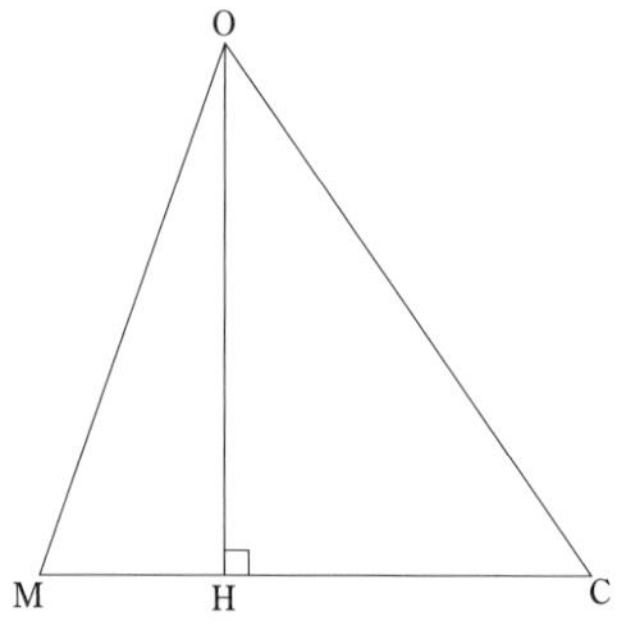

右図の△OMCでOM＝CM＝$\frac{\sqrt{3}}{2}$AB＝$2\sqrt{3}$(cm)

△OMHにおいて、OM：MH＝3：1だから、三平方の定理より、

OM：OH＝3：$\sqrt{3^2-1^2}$＝3：$2\sqrt{2}$

よって、OH＝$\frac{2\sqrt{2}}{3}$OM＝$\frac{4\sqrt{6}}{3}$(cm)

ゆえに、正四面体OABCの体積は、

$\frac{1}{3}\times\frac{1}{2}\times4\times2\sqrt{3}\times\frac{4\sqrt{6}}{3}=\frac{16\sqrt{2}}{3}$(cm^3)

したがって、四面体OPQRの体積は、

$\frac{16\sqrt{2}}{3}\times\frac{1\times2\times3}{4\times4\times4}=\mathbf{\frac{\sqrt{2}}{2}}$(cm^3)

空間図形では、相似と三平方の定理を活用することがほとんどです。まずは典型的な問題をしっかり研究していきましょう。また、問題を立体のまま考えるのではなく、平面図形に置き換えて考えることが大切ですから、これらの問題を練習材料として、解き方のコツをつかんでください。

数学

楽しみmath 数学！DX

空間図形は典型的な問題をしっかり解こう

登木 隆司先生

早稲田アカデミー　城北ブロック ブロック長
兼 池袋校校長

今月は、空間図形について学習していきます。初めは、立方体に関する問題です。

問題1

図のように，１辺の長さが３cmである立方体ABCDEFGHがある。辺BF上にBP＝２cmとなる点P，辺FE上にFQ＝２cmとなる点Q，辺FG上にFR＝２cmとなる点Rをとる。

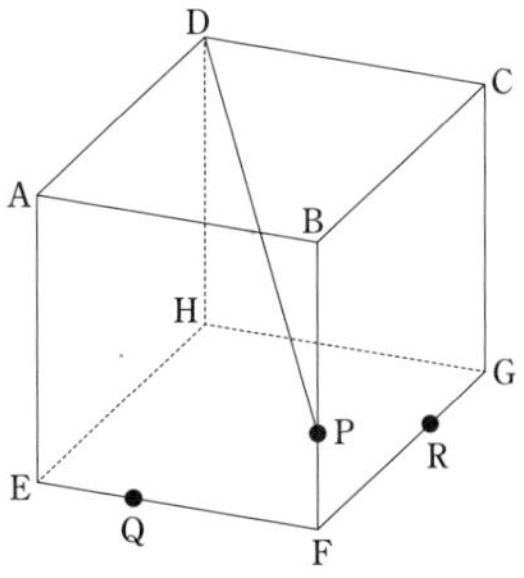

このとき，線分DPの長さを求めなさい。

（茨城県・改題）

<解き方>

△PBDも△ABDも直角三角形だから、三平方の定理より、

$DP^2=DB^2+BP^2=DA^2+AB^2+BP^2=3^2+3^2+2^2=22$

よって、$DP=\sqrt{22}$(cm)

次も立方体に関するもので、線分の比を求める問題です。

問題2

図のような１辺の長さaの立方体ABCD-EFGHにおいて，辺AB，AD，AE上にそれぞれ

AK：KB＝3：2,

AL：LD＝2：1,

AM：ME＝1：1

となるように，３点K，L，Mをとる。

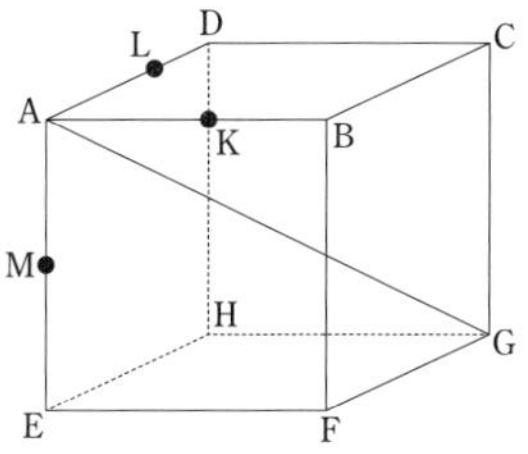

このとき，次の問いに答えよ。

(1)　線分KLと対角線ACとの交点をPとするとき，AP：PCを求めよ。

(2)　△KLMと対角線AGとの交点をQとするとき，AQ：QGを求めよ。　（慶應義塾志木）

<考え方>

(2)　平面AEGC上で考えます。

<解き方>

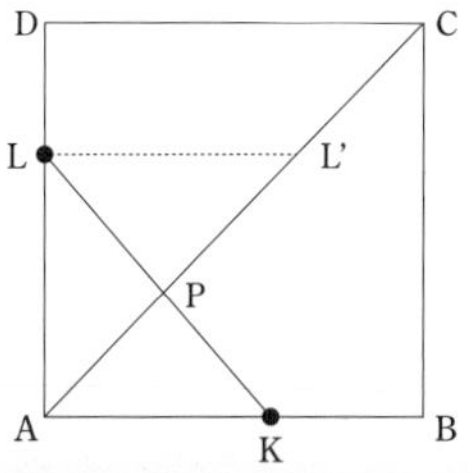

(1)　右図のように点Lから辺ABに平行な直線を引き、対角線ACとの交

英語で話そう！

朝がちょっぴり苦手な中学３年生のサマンサは、父(マイケル)と母(ローズ)、弟(ダニエル)との４人家族。

家で、教科書を前にサマンサが頭を抱えて悩んでいます。そこに、マイケルがやってきてサマンサに話しかけました。

川村 宏一先生
早稲田アカデミー　教務部中学課
上席専門職

Samantha：Oh, I hate math! …①
サマンサ　：ああ、数学なんて大嫌いだわ。

Michael　：What's your problem?
マイケル：いったい、どうしたんだい？

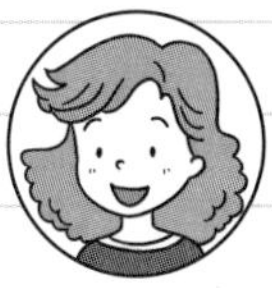

Samantha：It's my homework. The questions are too difficult for me. So I don't like math. …②
サマンサ　：この宿題の問題が難しすぎるのよ。だから、私は数学が嫌いなの。

Michael　：OK. I'll help you. Let's study math together! …③
マイケル：わかった。じゃあ、手伝ってあげよう。いっしょに数学を勉強するぞ！

Samantha：Thank you!
サマンサ　：ありがとう！

今回学習するフレーズ

解説①　math	＝mathematics「数学」 普通の会話では、mathematicsを短縮してmathと用いることが多い。 (ex) Math is his strong subject.「数学は彼の得意な科目だ」
解説②　too ～ for …	「…には～すぎる」 (ex) The box was too heavy for me to lift. 「その箱は私には重すぎて持ち上げられなかった」
解説③　let's ～	=let us ～ の短縮形「～しよう」 (ex) Let's go home at once. 「すぐに家に帰ろう」

学Ⅰ・A」「数学Ⅱ・B」が大学入試センター試験での必須科目となります。また、私立大学を受験する場合でも経済学部、経営学部を中心に数学を選択科目として受験することができます。ただし、私立大学で数学が必須科目となることはありません。

理系の数学

理系では「数学Ⅰ・A」「数学Ⅱ・B」「数学Ⅲ」までが履修科目です。国公立大学・私立大学ともに当然のことながら、多くは数学を必須受験科目とし、ほとんどの学部では「数学Ⅰ・A」「数学Ⅱ・B」「数学Ⅲ」が出題範囲となります。

ここまでは中学数学と高校数学の違いを見てきましたが、逆に共通点や高校数学の考え方を中学生へ落とし込んで教えていることなどはありますか？

川俣：もちろんです。代表例が以下の定点公式といわれるものです。

高校数学問題紹介

川俣：みなさんは関数における定点公式をご存知でしょうか？

定点公式

傾きが a で、座標（p , q）を通る直線の式は

$y=a(x-p)+q$ と表せる。

川俣：ひょっとしたら中2か中3で先生から教わった人もいるのではないでしょうか？　実際は、$y-q=a(x-p)$ のように表すと、この公式の証明がわかりやすくなります。

［証明］

原点を通る直線を、$\mathrm{Y}=a\mathrm{X}$ とするとき、この直線を x 軸方向に p、y 軸方向に q だけ平行移動します。

このとき当然、原点（0 , 0）にあった点は座標（p , q）まで移動するため、平行移動した直線は座標（p , q）を通る直線になります。

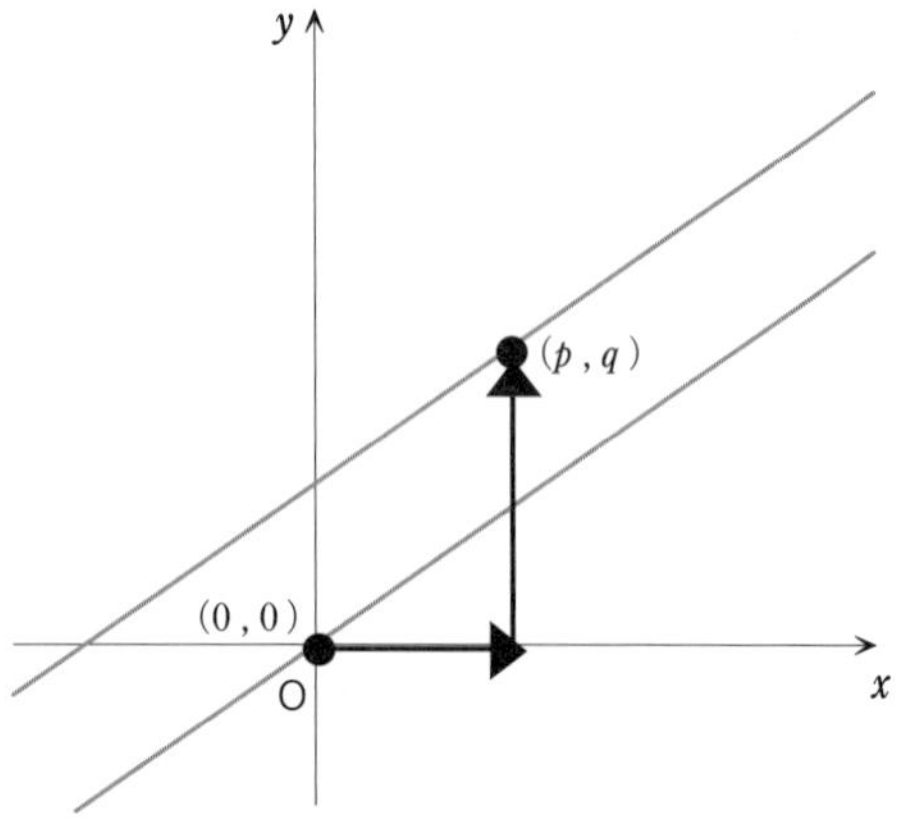

また、直線 $\mathrm{Y}=a\mathrm{X}$ を x 軸方向に p、y 軸方向に q だけ平行移動したわけですから

$\mathrm{X}+p=x$…①、$\mathrm{Y}+q=y$…②とするとき、この x、y を満たす直線の式が、傾きが a で、座標（p , q）を通る直線の式を表すことになります。

①、②の式をそれぞれ移項すると、$\mathrm{X}=x-p$、$\mathrm{Y}=y-q$ となりますので、これらを $\mathrm{Y}=a\mathrm{X}$ の式に代入して、

$y-q=a(x-p)$ となるわけです。［証明終］

２次関数の拡張

川俣：さて、ここからが本題です。中3の単元である「2次関数」では、グラフの式は $y=ax^2$ となりますが、このとき放物線の頂点は原点（0 , 0）にあります（図1）。

高校数学での2次関数のグラフの式は、一般的な形として $y=ax^2+bx+c$ で表します。

この式は、中学生のときに解の公式を導き出すときにも使う（ちなみに2013年度の開成高校の入試問題にも出題されました）平方完成を用いて、$y=a(x-p)^2+q$ の形に変形することができます。

この式、先ほどの定点公式に登場する $y=a(x-p)+q$ にそっくりですよね？　それもそのはず、

$y=a(x-p)^2+q$ も、$y=ax^2$ を x 軸方向に p、y 軸方向に q だけ平行移動したグラフだからです（図2）。

図1

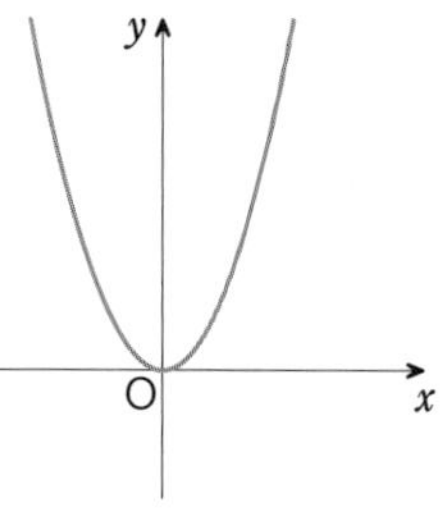

図2

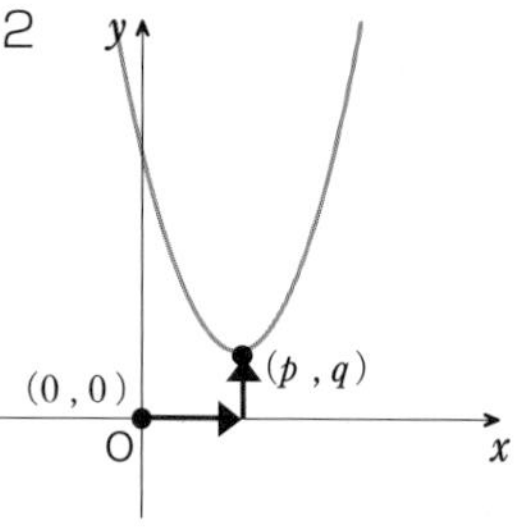

このとき、原点（0 , 0）にあった放物線の頂点が、座標（p , q）に移動したわけですから、

放物線の式 $y=a(x-p)^2+q$ は、比例定数が a で、頂点が（p , q）にあるグラフだと説明することができます。

このように、中学数学の拡張として高校数学はスタートすることになりますが、中学で学習した便利公式としてしか考えていなかった定点公式が、じつは高校数学においては重要な役割を担ってくるのだということは、あまり教えてもらえないことなのかもしれません。

いずれにしても、次数が増えたり、新たな記号が登場したり、扱う情報量が増えてくることは確かですから、中学数学のうちに可能な限り処理能力を向上させておくことを、高校数学のスタートをスムーズにするためにおすすめします。

高校数学は新指導要領の改訂によって、じつはおもに高1で学習する数Ⅰ・数Aが重たくなっています。数学は高1が勝負です。

高校受験で学習していることが、高校での学習にも直結していくことが理解できましたか？　現在、みなさんが頑張っていることはムダにならない、むしろ未来へつながっていくものなのです。

高校進学、そのさき

久津輪 直先生

早稲田アカデミー大学受験部
統括副責任者

入試問題研究に裏打ちされた授業計画と、徹底的な教材分析に基づく緻密な授業のみならず、第一志望合格を勝ち取るまでのプロデュース力で多くの生徒を合格へと導いています。

小川 智之先生

早稲田アカデミー
Success18渋谷校校長

「楽しい・分かりやすい」はもちろん、定期テストや実際の入試での「得点」が上がる授業を心がけています。また、進路指導においては、緻密な入試データ分析を駆使し、適切な道を示します。

川俣 康全先生

早稲田アカデミー
Success18志木校校長

数学の力は真の理解から。真の理解は正しいイメージの構築から。中高大すべての入試に精通し、生徒1人ひとりが歩んだ歴史を分析。個々にとって一番必要なポイントを明らかにしてくれます。

みなさん、こんにちは。早稲田アカデミー大学受験部門Success18の久津輪です。前号は「英語」についてお話しさせていただきました。今月は「数学」です。小学校から中学校では「算数」から「数学」へと変化したわけですが、中学校から高校では「数学」は変わらず。でも、その実態は…。

中学数学と高校数学の違い

小川 智之先生（以下、小川）：長年、開成必勝を担当し、中学部にも精通している川俣先生から見て、中学数学と高校数学の違いはなんだと感じますか？

川俣 康全先生（以下、川俣）：中学数学の場合、さまざまな単元に重なりがあり、連動していることが大きな特徴でしょう。

中学数学のイメージ＝積み上げ・連動型

（例）中学校における数式分野

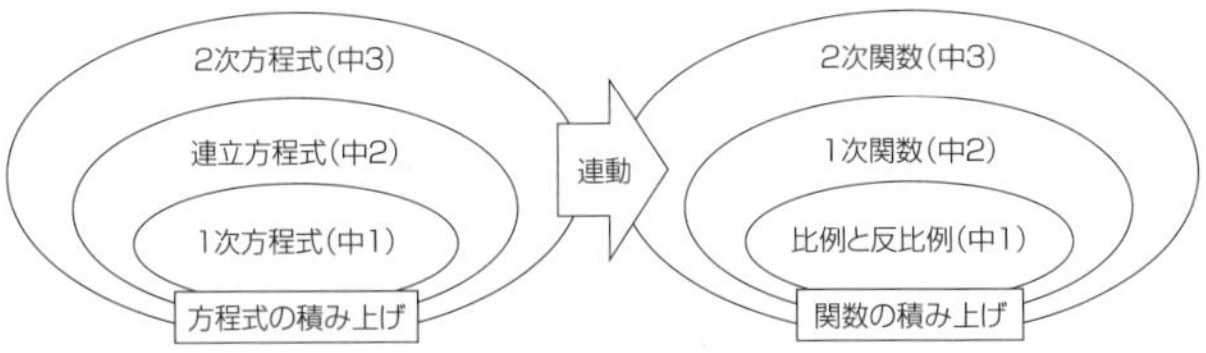

つまり中学3年生の学習単元を勉強していれば、おのずと中学1・2年生の単元も学習していることとなります。

それに対し高校数学の場合には、ほとんどの単元が独立していることが特徴でしょう。

高校数学のイメージ＝独立型

（例）一般的な高校における理系数学の場合

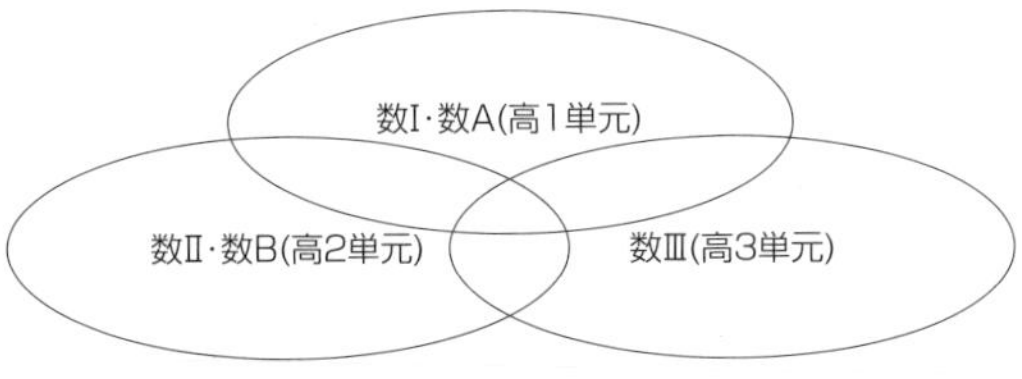

中学数学とは違い、重なりが少ないことがわかると思います。つまり高校3年生の内容を理解できたとしても、高校1・2年生の内容のほとんどがカバーできていないのです。したがって、早期の対策が必要になってきます。

小川先生から見た高校数学の特徴はなんだと感じていますか？

小川：いまの川俣先生のお話に加えて高校数学のもう1つの特徴として、単元が非常に多いことがあげられますね。また、高校入試までとは違い、志望する大学、学部によっても出題される単元が異なることも特徴といえるかもしれません。

高校数学の紹介

高校数学の単元と大学入試における利用

科目	単元名	私立文系	国立文系	理系
数学Ⅰ	数と式・集合と論理・2次関数・三角比・データの分析	△	○	○
数学A	場合の数・確率・整数の性質・図形の性質	△	○	○
数学Ⅱ	式と証明・複素数と方程式・図形と方程式・三角関数・指数関数・対数関数・微分と積分	△	○	○
数学B	数列・ベクトル	△	○	○
数学Ⅲ	複素数平面・式と曲線・関数・極限・微分法・微分法の応用積分法・積分法の応用	×	×	○

小川：高校での数学は、おもに数学Ⅰ・Ⅱ・Ⅲ・A・Bに分かれています。数学Ⅰ・Aは中学の知識を基礎としたものから始まりますが、次第に「数列」や「微分・積分」などのまったく新しい単元が登場し、一気に内容が難しく感じられるようになります。また、高校数学の特徴として、計算の量も格段に多くなることがあげられます。必然的に計算ミスも増えます。論理や解法が頭に入っていても計算でつまずいてしまって苦手意識を持つことも十分に考えられます。

文系の数学

文系ではおもに「数学Ⅰ・A」「数学Ⅱ・B」までが履修科目です。国公立大学を受験する場合も、多くの大学で「数

日本橋・開智教育グループ

日本橋女学館高等学校【女子】

夢の実現を目指す多彩な学習内容

開智学園との教育提携により、大きくバージョンアップした日本橋女学館高等学校。近年大学進学実績が順調に伸びています。今後は更なる伸びが期待されますが、日本橋女学館高等学校ではどのような学習指導を行っているのか、具体的な内容が気になるところです。

「アクティブ・ラーニング」により、探究心をもって自ら学べる生徒へ

「日本橋女学館高等学校の学習の中心は『アクティブ・ラーニング』です」と語ってくださったのは副校長の宗像諭先生です。宗像先生は「アクティブ・ラーニングとは、教師が一方的に授業を行い、生徒はそれを聴いて板書をノートに写すという、いわゆる『講義型授業』ではなく、いわば『双方向型』の授業のことです。その一つが『探究型授業』で、教師は、解決していく疑問・課題を生徒に与えて、生徒から出た答えをまとめながら授業を進めていきます。生徒たちの質問や発言を通して、どこが理解されているか、されていないかを確認しながら授業を進めていきますので、ほとんどの生徒が学習内容を深く理解することができるのです」と語ってくださいました。

宗像先生はさらにこうも語ってくださいました。「アクティブ・ラーニングが中心と言っても、もちろん今までのような講義型授業を全く否定するものではありません。アクティブ・ラーニングを進めるためには、当然のことながら基礎的な学力・知識が必要です。実際、以前ある学校で、アクティブ・ラーニング型の授業だけを行ったところ、生徒の学力が低下してしまったそうです。それでは本末転倒です。ですので、日本橋女学館高等学校では、硬質な講義型授業で基礎学力・知識の習得を行います」

アクティブ・ラーニングで身に付く力についてお尋ねしたところ、「探究力・創造力・思考力・発信力・コミュニケーション力」ということでした。いずれも、21世紀のグローバル社会で必要とされる能力ばかりです。日本橋女学館高等学校では、それらの能力を身に付けた生徒の育成を目指しているということです。

授業だけではない！ さまざまなサポートシステム

続いて、進路指導部長の内田喜巳男先生が説明してくださったのが、「授業以外のサポートシステム」です。

内田先生によると、「もちろん授業は充実しています。しっかり、余裕を持って学ぶことができますので、基礎から応用まで、確実な学力がついていきます。また、2年生からは文系・理系に分かれ、より効果的に学ぶことができます。しかし、我々のサポートシステムは授業だけ

■ 2016年度 募集要項（抜粋）

	単願推薦	併願推薦（東京・神奈川以外の受験生）	併願優遇（東京・神奈川の受験生）	一般①	一般②
募集定員	50名		50名		
入試日程	1月22日（金）		2月10日（水）		2月12日（金）
試験科目	●調査書・推薦書 ●適性検査 （国・数・英） ●面接		●調査書 ●適性検査 （国・数・英） ●面接	●調査書 ●筆記試験 （国・数・英） ●面接	
	※芸術進学コース美術系列は適性検査に代えて実技試験			※芸術進学コースの美術系列は筆記試験に加えて実技試験あり	

※【特待生制度】中学校での評定、入試の成績により「特待生」（奨学生）に認定します。

ではありません。『All in School』というシステムで、生徒の大学進学、学力育成をサポートします」とのことです。

「All in School」というのはどのようなサポートですか、という質問に内田先生は「文字通り、学校内で全てを行う、という意味です。授業開始前の『Morning Session』（朝学習）から放課後の『After Session』（課外講習）そして『チューター制』まで、基本から受験に向けた学力増強まで、学校内で完結させようということです。生徒一人ひとりの状況を熟知している本校の教員がトータルで指導しますので、とても効果的に学力が習得できます」と答えてくださいました。なお、「チューター制」というのは、卒業生を中心とした現役の大学院生や大学生が指導室にいて自習をする生徒のサポートをするシステムだそうです。

夏休みなどの長期休暇中の講習のスケジュールも1年生から3年生まで、かなり細かく設定された講座が盛りだくさんです。

きめ細かい指導が可能な少人数制

日本橋女学館高等学校では、1クラスの人数が最大で30名。ほとんどのクラスは20名~25名程度で編成されています。生徒と教員の距離が近いため、双方向の豊かなコミュニケーションが可能となるため、学習指導はもちろん、生活指導においても大きな効果があるそうです。

また、各フロアに設けられているミーティングスペースでは、生徒が1人または2人で先生に質問をしている姿がよく見られます。日本橋女学館高等学校が「丁寧で、面倒見の良い学校」と評価されている理由がこういった場面からも窺われます。

バージョンアップした日本橋女学館高等学校から、今後ますます目が離せません。

日本橋女学館高等学校

http://www.njk.ed.jp

〒103-8384
東京都中央区日本橋馬喰町2-7-6
TEL 03-3662-2507

〈アクセス〉
ＪＲ総武線・都営浅草線「浅草橋駅」徒歩３分
ＪＲ総武快速線「馬喰町駅」徒歩５分
都営新宿線「馬喰横山駅」徒歩７分

みんなの数学広場

TEXT BY かずはじめ

数学を子どもたちに、楽しく、わかりやすく、使ってもらえるように日夜研究している。好きな言葉は、"笑う門には福来る"。

A
×
B
×
C
○
A
×
B
×
C
○
A
×
B
×
C
○

初級～上級までの各問題に生徒たちが答えています。
どの生徒が正しい答えを言っているか当ててみよう。
もちろん、当てずっぽうじゃなく、実際に問題を解いてみてね。

問題編

答えは次のページ

上級

nを2以上の整数とするn以下の正の整数のうちnとの最大公約数が1となるものの個数を$E(n)$で表す。

例えば$E(2)=1$、$E(3)=2$、$E(4)=2\cdots E(10)=4$である。

このとき、$E(1024)=$？

A
答えは･･･
10個
ズバリ当てるわよ！
B
答えは･･･
100個
これぐらいになる気がする。
C
答えは･･･
512個
約数だからね。

中級

2016年です！

2016の正の約数の個数とその総和はいくつでしょうか。

A
答えは・・・
約数は12個で
総和は252
B
答えは・・・
約数は30個で
総和は3224
C
答えは・・・
約数は36個で
総和は6552

初級

1、2、3、4のように1～9までの数字を横に並べて、

この間に+、－、×、÷を自由に入れて答えが100になる式、

例えば、1＋2×3＋4×5－6＋7＋8×9＝100

のような計算を何算というでしょうか。

A
答えは・・・
小町算
この前、学校の先生に
教えてもらいました。
B
答えは・・・
少納言算
聞いたことがあるのよね。
C
答えは・・・
大和算
昔から日本に伝わる
ものっぽくない？

みんなの数学広場 解答編

上級　正解は C

これは2015年度の一橋大の入試問題です。

nとの最大公約数が1となる数とは、例えば2と3のように$\frac{2}{3}$はもう約分できない数の最大公約数を1と言います。すると

$E(2)$は　2と最大公約数が1は　1の1個

$E(3)$は　3と最大公約数が1は　1と2の2個

$E(4)$は　4と最大公約数が1は　1と3の2個

⋮

$E(1024)$は　1024と最大公約数が1は…$1024=2^{10}$であるので、

2の倍数以外はすべて最大公約数が1になります。

つまり1～1024の奇数の個数が$E(1024)$です。偶数の個数が

$\frac{1024}{2}=512$個なので

$E(1024)=1024-512=512$

A ×

なぜそうなったの？

B ×

当てずっぽうだね？

C 正解

中級　正解は C

$2016=2^5\times3^2\times7^1$となります。

約数の個数は各素因数の（指数＋１）の積ですから

$(5+1)\times(2+1)\times(1+1)=36$個

約数の総和は

$(1+2+2^2+2^3+2^4+2^5)\times(1+3+3^2)\times(1+7)=$

$63\times13\times8=6552$

公式

自然数Nが

$N=a^pb^qc^r$と素因数分解できるとき（a、b、cは素数）

Nの約数の個数は$(p+1)(q+1)(r+1)$個

Nの約数の総和は

$(1+a+a^2+\cdots+a^p)(1+b+b^2+\cdots+b^q)(1+c+c^2+\cdots+c^r)$

A　×

少なすぎない？

B　×

2をかけ忘れたかな？

C　正解

初級　正解は A

これは和算の１つで「小町算」と言います。

A　正解

B　×

少納言なんてどこから…。

C　×

日本っぽいけどね。

周囲の人にいい影響を与えていきたい

立教大学

経営学部
経営学科2年

廣瀬《ひろせ》 真央《まお》さん

目標があるから どの講義も楽しい

――立教大の経営学部を志望した理由を教えてください。

「高校時代に女子サッカー部で副部長を務めていたときに、みんなにどう働きかけたらチームがうまくまとまっていくのか、どうしたら人にいい影響を与えられるのかなどを考えていました。その後、志望校を選ぶ時期になり色々な大学のパンフレットを見ていたら、立教大の経営学部で学べるマネジメントの領域が自分の興味のあることと重なっていることに気づいたんです。」

――経営学部の講義はどうですか。

「じつは嫌いな講義がありません。経営学部に入学したのも組織をよくする方法を学びたいという気持ちがあったからなので、学んでいることがためになっていると思うと、どの講義も楽しく感じます。さまざまな講義を通して、人とうまくかかわっていくヒントを教わっています。

数学が苦手なので、数学が出てくる経済系の講義は難しいと思いますが、それも経営学を学ぶために必要だと思えば苦ではありません。また、昨年受けた講義の内容が今年受けた

中高時代の勉強

資料集を活用

社会の資料集はカラーで写真も多く、見ているだけで楽しめてお気に入りだったのでよく活用していました。例えば、歴代の総理大臣の顔写真が並んでいる年表があったら、そこに覚えた情報を書き加えて、年表をより充実させていきました。そうすることで資料集に情報がまとまっている状態になって便利でした。

ノートに予定を書く

時間をムダにしたくなかったので、次の日にしたい勉強を前日の夜にノートに書いておきました。やることをあらかじめ決めておけば翌日すぐに取り組めるし、むやみに不安になることもなかったです。日記はあまり続かないタイプでしたが、これは1年間続きました。自己管理能力もついたと思います。

大学生活エトセトラ

「立教スポーツ」編集部

立教大の運動部の活躍を伝えるスポーツ新聞を作る部に入っています。色々なところへ出向くぶん、さまざまな人と出会うことができて楽しいです。1人につき5～6つの部を担当し、取材ではインタビューや写真撮影を行い、記事も執筆します。メジャーなスポーツだけでなく、マイナーなスポーツも平等に取り上げる

少人数のBLPの講義

立教大の構内から見た1号館

講義で関連づけられて出てきたりもするので、学んだことのつながりを実感できて嬉しいです。」

――特徴的な講義はありますか。

「経営学科では、1〜2年生の前期まで、約20人の少人数で行うビジネスリーダーシッププログラム（BLP）という立教大独自のリーダーシップ開発プログラムが必修です。企業から与えられた課題の解決に取り組んだり、人を説得するために必要な論理的思考力を鍛えたりします。1年生の前期は20人をさらに4人ずつのグループに分け、グループごとに日本ヒューレット・パッカード（HP）社からの『2020年　東京オリンピックをより良くするHP製品の新しい使い方を考え、それがHPにとってどのようなビジネスの機会になるか提案してください』という課題に取り組みました。2年生の後期からは必修ではないですが、私はBLPが好きなので引き続き履修しています。いまはチームをまとめるために必要なコミュニケーション能力を向上させる方法や論理思考などについて学んでいます。」

――ゼミには所属していますか。

「経営学部は2年生からゼミがあり、私は『他者のリーダーシップを開発する』というテーマのゼミで質問会議を扱っています。相手が抱えている問題に対して『それはいつから持っていますか』…というように自分が質問する→相手が答えるというのを繰り返しながら問題を解決していく手法です。質問会議は世の中でも活用されているんです。例えば企業の会議で、上司に意見は言いづらいというときも質問会議であれば同じ目線で話しあうことができますよね。

質問会議では、ただ話を聞くだけではなく、話しやすい雰囲気作りをして、相手のよさを引き出すのも大切だそうです。ネガティブな問題を抱えていても、こちらが前向きな質問を繰り返しているうちに『もっとこうすればいいのか』と相手も気づくことができ、それが次の動機づけにつながっていくんです。」

――今後の目標を教えてください。

「いままでは周りをよくするにはどうしたらいいかに焦点をあてて考えてきましたが、ある講義で、自分のいいところをチームで活かせるように考えながら行動できるのがリーダーシップだ、という話を聞いたので、これからは自分のよさを活かせる仕事がどんなものなのかということも考えていきたいです。」

のが編集部のモットーなので、どの部の活躍をどれだけ取り上げるのかは全体会議の多数決で決めます。

1年生のころは先輩の取材に同行したり、簡単な戦評を書くだけでしたが、2年生からは記事も書くようになったので、自分の思いを読む人にうまく伝えるために、インタビューの仕方を考えながら活動するようになりました。

私が書いた記事でとくに印象深かったのは、ハンドボール部のインカレ出場がかかった大会についての記事です。試合に勝利してインカレ出場が決まったときの喜んでいる姿を見て、私もすごく熱くなりました。

受験生へのメッセージ

努力を認めてくれる人

大学受験のとき、夏休みに1日15時間くらい勉強してもどうしても伸びない科目があり、どんどん自分を追い込んで、塾や家で何度も泣いてしまいました。そんなときに塾で「頑張ってるね」などの言葉をかけてもらうと、自分の頑張りを認めてくれる人がいるんだと、落ち込んでいてもまた頑張る気持ちが湧いてきました。もちろんいっしょに頑張りあった友だちや、ずっと応援してくれていた家族にもとても感謝しています。受験は不安になることも多いと思いますが、努力を見ていてくれる人がいることを忘れないでくださいね。

Bungou Retsuden

古今文豪列伝

第14回

三《み》島《しま》由《ゆ》紀《き》夫《お》

Yukio Mishima

三島由紀夫は1925年（大正14年）、農林官僚の子として東京に生まれた。本名は平岡公威《きみたけ》。学習院の初等科、中等科で学んだけど、中等科のころから小説を書き始め、13歳で『酸模《すかんぽ》』を、16歳で『花ざかりの森』を『学習院輔仁会雑誌』に発表している。学習院高等科時代は古典文学を乱読したという。1944年（昭和19年）9月、高等科を首席で卒業、翌月、東京帝大（現東京大）法学部に入学、翌1945年1月、徴兵検査を受けたけれど、軍医が肺病と誤診して軍隊に行かなくてすんだんだ。このことがのちの三島文学に大きな影響を与えることになる。

1946年（昭和21年）には川端康成の推薦で『煙草《たばこ》』を雑誌『人間』に発表して文壇デビューを果たす。翌年東京帝大を卒業し、大蔵省（現財務省）に入省、官僚としてのスタートを切ったんだ。だけど、小説を書き続け、たった8カ月で大蔵省を辞めて、作家生活に入ってしまい、周囲を驚かせた。

大蔵省を辞めた三島は次々と小説を発表した。代表作『仮面の告白』を書いたのは24歳のときだ。以後、『禁色《きんじき》』『花火』『潮騒《しおさい》』『長すぎた春』を発表、1957年（昭和32年）には『金閣寺』で読売文学賞を受賞した。小説だけでなく、戯曲もたくさん発表し、上演されもした。

肺病と誤診されるほどひ弱だった三島だけど、このころからボディービルを始めるなど、肉体を鍛え、また民族主義的な発言が多くなっていった。『憂国』『英霊の声』などの作品はその表れだとする意見もある。

その後、学生らを中心とした祖国防衛隊（後の楯の会）を設立、隊員の学生らと自衛隊に体験入隊したり、日本の文化を守るための講演、評論活動などを頻繁に行うようになったんだ。

1970年（昭和45年）11月、三島は楯の会の会員4人と自衛隊の東京・市ヶ谷の駐屯地に押しかけ、自衛隊に決起を促す演説をしたのち、日本刀で切腹して自殺した。学生1人も切腹したんだ。

この事件は世界中に衝撃を与え、いまだに謎が多く、論議や研究の対象になっている。

三島の小説は日本浪漫派に属するといわれる華麗な文体で、レトリックを多用したもので、悲劇性が作品の中核を占めているともいわれる。自殺の日に完結した4部作『豊饒《ほうじょう》の海』は名作とされ、いまなお評価が高い。

今月の名作　～三島由紀夫『潮騒《しおさい》』～

『潮騒』
430円＋税
新潮文庫

伊勢湾に浮かぶ歌島で猟師をしている新治は、浜で見た見知らぬ少女に心ひかれる。やがて2人は思いあう仲になるが、妨害が入る。しかし、島の海女たちが2人を応援する。これまで5回も映画化された三島初期の青春小説。

あれも日本語 これも日本語

「春」にちなむ四字熟語

今回は「春」にちなむ四字熟語について見てみよう。

「春風満面《しゅんぷうまんめん》」は顔が春の風のように喜びにあふれている様子だ。「A君は志望校に合格して春風満面だね」なんて使う。

「春日《しゅんじつ》遅《ち》遅《ち》」。春になると日が少しずつ長くなり、日が暮れるのも遅くなっていく。そのうららかでのどかな様子をいうんだ。中国の古典から出た言葉だよ。

「春風駘蕩《しゅんぷうたいとう》」の「駘蕩」って難しい漢字だね。のどかでのんびりした様子という意味だ。全体の意味は春ののどかな様子だけど、温和でのんびりした人をさして使うこともあるよ。「彼は春風駘蕩たる人格の持ち主だ」とかね。

「春《しゅん》蛙《あ》秋蝉《しゅうぜん》」は春のカエル、秋のセミということで、やかましいだけで意味のないことをさす。そこから転じて、無意味な議論をいうこともある。「与野党の議論は中身がない。まるで春蛙秋蝉だ」なんてね。最近はあまり使わないかな。

「春蘭秋菊《しゅんらんしゅうぎく》」は春の美しい蘭、秋の美しい菊ということから、優れていて捨てがたい、という意味だ。中国の古典の「春蘭秋菊ともに廃すべからず」から出た四字熟語だよ。

「春愁秋思《しゅんしゅうしゅうし》」は春は愁《うれ》い、秋は物思いにふけるということで、気候はよく、とくに気に病むこともないというのに、なんとなく物憂く感じられることをいう。

「春」の漢字は入らないけど、「落花流水」も春の季節を表わす熟語だ。春は美しい花がたくさん咲くけど、いずれは散って、川の流れに沿って流れていく。その様子をいうんだけど、転じて、過ぎていく春の景色を惜しんで使われる熟語だ。さらには人生の無常観を表わすこともある。

花といえば、「桜花爛漫《おうからんまん》」があるね。「爛漫」は花が咲き乱れていることだ。だからサクラの花がいっぱいに咲いている様子をさすんだ。

「百花繚乱《ひゃっかりょうらん》」もある。「繚乱」は「爛漫」よりもさらに入り乱れて咲く様子だ。サクラだけでなく、色々な花がいっせいに咲き乱れているということだね。

高校受験は大変だけど、来春、合格を勝ち取って、百花繚乱の春を迎えたいね。

サクニュー！ ニュースを入手しろ!!

SUCCESS News

産経新聞編集委員 大野敏明

今月のキーワード
TPP合意

2010年（平成22年）3月から交渉が続けられていた環太平洋パートナーシップ協定（TPP）が10月、大筋合意に達しました。この結果、農産品、酒類、医薬品、自動車、家電製品など多くの貿易品目の関税が今後、段階的に引き下げられるか撤廃されることになります。

TPPは自由貿易協定（FTA）に加盟していたシンガポール、ブルネイ、チリ、ニュージーランドの4カ国に、アメリカ、オーストラリア、ベトナム、ペルーが合流してスタートしました、その後、マレーシア、カナダ、メキシコが加わり、日本は12カ国中最後の2013年（平成25年）7月から参加しました。これら12カ国の貿易量は全世界の４割に達します。

TPPは太平洋沿岸地域の国々で関税を含むさまざまな障壁を取り除き、貿易や投資を自由化することで経済を活性化させることを目的としました。

例えば、農産品や自動車、家電製品には、国によってそれぞれ関税がかけられていますが、関税率を低くしたり、撤廃することで貿易をスムーズにし、貿易量を拡大させることができます。しかし、関税によって他国からの輸入を制限することで保護されてきた日本の農業などは、他国の安い農産品が輸入されることで、打撃を受ける可能性があります。逆に自動車や家電製品などは輸出に拍車がかかり、業界がより潤うことが予想されます。

こうしたことから国内でも賛成、反対の対立がありましたが、政府は貿易の促進、国際協調などの観点から合意するにいたりました。

対象となる製品については、向こう何年間で関税を何％下げるかといった、細かな合意内容が明らかにされていますが、農産品については輸入される食の安全を疑問視する声や、国内農家、酪農家などをどう保護していくかといった問題も残されています。さらにはアニメ、オーディオなどの知的財産や金融、投資といった分野でも多くの合意がなされましたが、これらへの対応も必要になるでしょう。今回の大筋合意を受けて、韓国や中国などが新たに加わることも十分予想されます。

⬆PHOTO
環太平洋連携協定（TPP）交渉が大筋合意となった閣僚会合を終え、共同記者会見する日米など12カ国の閣僚ら（2015年10月5日アメリカ・アトランタ）写真：EPA＝時事

協定は大筋で合意をしましたが、各国政府が署名し、２年以内に各国議会が批准をしないと発効しません。日本でも国会の批准が必要です。大筋合意はしたものの、本当にTPP合意が効力を発揮するかどうか、まだまだ道のりは遠いようです。

遣隋使

1回目の遣隋使は600年。では全部で何回あったかわかるかな。じつは定かではなく、3通りの説があるんだよ。

勇 遣隋使の1回目って西暦600年ちょうどなんだね。

MQ 飛鳥時代、推古天皇が即位してから8年目だね。聖徳太子が摂政をしていたときだ。日本書紀には記載がないけど、隋書には記述されている。正式な派遣は607年で小野《おのの》妹子《いもこ》が国書を持って行ったんだ。

静 遣隋使はなんのために派遣されたの?

MQ 当時、先進国だった隋の制度や技術を学ぶためとされている。

勇 607年の正式な1回目の国書ってどんな内容だったの?

MQ 「日《ひ》出《い》ずる処《ところ》の天子《てんし》、書を日の没する処の天子に致す。つつがなしや」というもので、これを見た隋の皇帝、煬帝《ようだい》は激怒したと伝えられている。

静 どうして激怒したの?

MQ 天子というのは天から地上の政治を任されている人という意味で、世界に自分1人しかいないとされているのに、日本の王が勝手に天子を名乗ったことに怒ったんだ。

勇 それで国交は断絶?

MQ そうはならないで、帰国に際しては煬帝の家臣の裴世清《はいせいせい》が随行して来た。でも、小野妹子は煬帝からもらった返書をなくしてしまった、と報告している。

静 それって大失態じゃない?

MQ 返書の内容は不明だけど、たぶん、激怒の内容が書かれていて、小野妹子としてはそれを日本の天皇や摂政に見せるわけにいかなくて、なくしたことにしたんだという説がある。

翌年にも遣隋使が派遣され、高向《たかむこの》玄理《くろまろ》、僧旻《そうみん》らの留学生が隋に渡り、裴世清もいっしょに隋に帰ったんだ。

勇 よかった。大ごとにはならなかったんだね。

MQ 610年には4回目の遣隋使が派遣されたけど、これも日本書紀には記載がない。だけど614年の最後の遣隋使は記載されていて、研究者の間でも、遣隋使派遣は日本書紀記載の3回説、隋書記載の5回説、その中間の4回説と3通りもあるんだ。

勇 ややこしいんだね。

MQ 614年の遣隋使は正使が犬《いぬ》上《がみの》御《み》田《た》鍬《すき》で、翌年に帰国したけれど、618年に隋が滅んでしまったため、これが最後となった。しかし、留学生たちは整備された隋の統治体系などを日本に伝え、それが645年に始まる大化の改新につながっていったんだ。

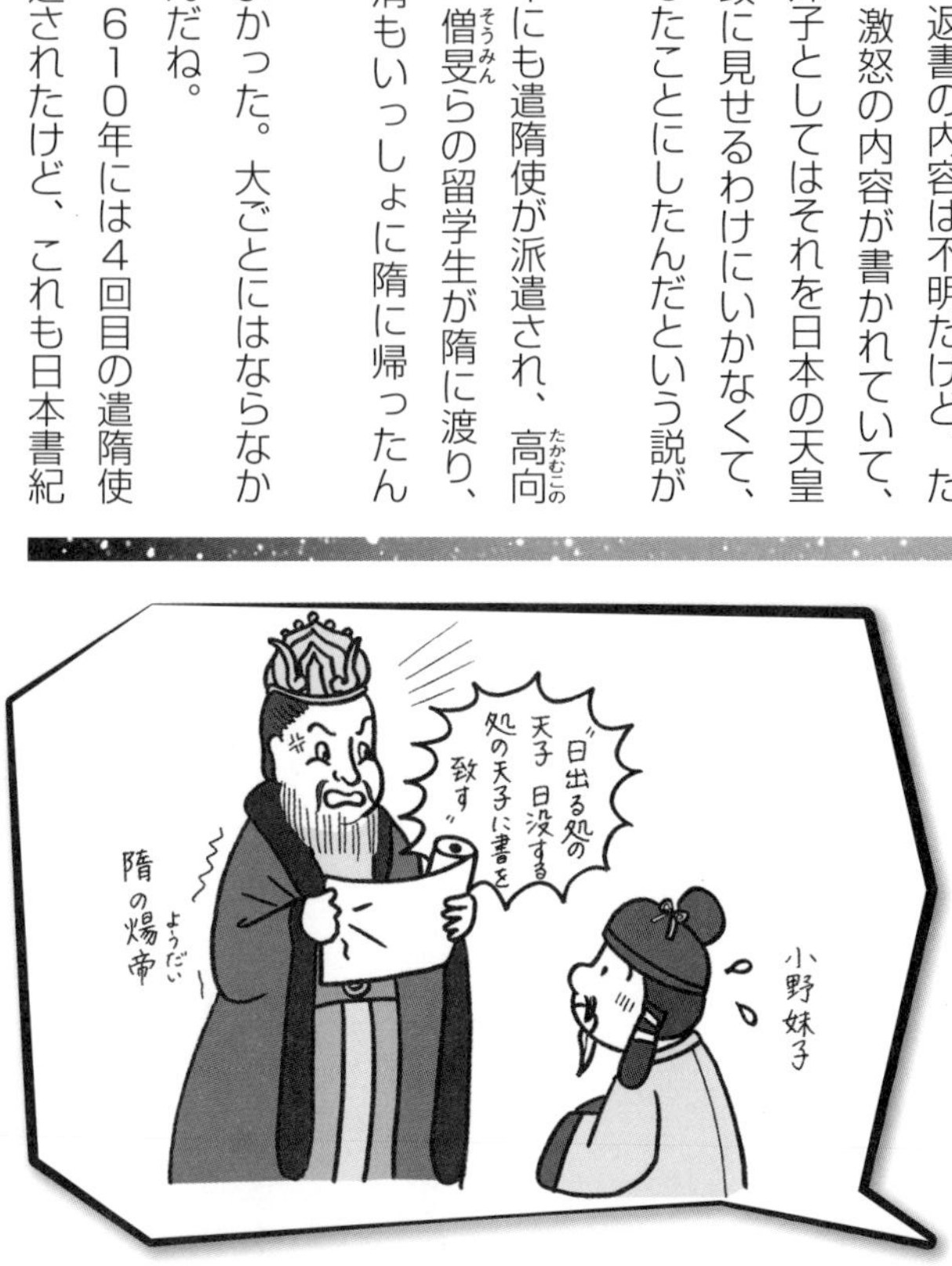

"日出る処の天子 日没する処の天子に書を致す"

絶体絶命のピンチをどう乗り越える？

『陽気なギャングは三つ数えろ』
著／伊坂 幸太郎
価格／840円＋税
刊行／祥伝社

今月の1冊『陽気なギャングは三つ数えろ』

サクセス書評 1月号

他人のウソが見抜けてしまう男、演説の達人、スリの天才、正確な体内時計を持つ女という特殊な能力を持つ4人組は、人を傷つけないことをポリシーとした銀行強盗だ。

彼らが主人公の今作『陽気なギャングは三つ数えろ』は、4人の強烈な個性と軽妙な展開が話題となり、2006年に映画化された『陽気なギャングが地球を回す』（2003年刊行）、同年に刊行された『陽気なギャングの日常と襲撃』の続編。

前作から9年ぶりとなる今作は、主要登場人物は各人がそれなりに年齢を重ねているが、これまでの『陽気なギャング～』シリーズの雰囲気はそのままだ。

リーダー格でつねに冷静沈着、一手二手どころか四手五手先まで考えて行動する成瀬。彼と高校時代からの悪友で、ほとんどがでたらめだが、とにかく次から次へと言葉が湧き出てくる響野。人間よりも動物を愛し、好青年だがどこか普通の人と判断基準が異なる久遠。一番まともに見えるが、コンマ一秒単位で時間を正確に計れ、これまた普通ではないドライビングテクニックを持つ雪子。4人の個性は今作でも際立っており、彼らの会話部分だけでも十分に楽しめる。

捕まっていないだけで、間違いなく犯罪者ではあるのだけれど、4人とも根は善良で、どこか憎めないのも感情移入しやすいポイントだろう。

物語冒頭に実行される銀行強盗の最後に、警備員の思わぬ反撃で左手にケガをした久遠が、あることをキッカケに週刊誌の記者・火尻政嗣に銀行強盗犯ではないかと疑われ、そこからメンバー全員が面倒なことに巻き込まれていく。

展開が早いうえに二転三転し、伏線がいたるところにあるため、初めは人間関係の把握などに戸惑うかもしれないが、一度流れに乗ってしまえば、あっという間に最後まで読みきってしまうこと間違いなし。

この本から読み始めても問題ないけれど、既刊の2冊も読んでみると、彼ら4人や周囲の登場人物をより深く知ることができて、さらに楽しめることだろう。

親子のきずな

リアル・スティール

2011年／アメリカ
監督：ショーン・レヴィ

『リアル・スティール』
Blu-ray発売中
2,381円+税
発売元：ウォルト・ディズニー・スタジオ・ジャパン

似たもの親子のきずな再生物語

人間に代わりロボットがボクシングをする未来の世界が舞台。

チャーリーは優秀なボクサーでしたが、格闘技ロボットの登場で職をなくし、現在はロボットに試合をさせてお金を稼ぐ日々。そんなとき、別れた妻の元にいた11歳の息子・マックスに再会します。ずっと会っていなかったため、2人はぎくしゃくして言いあいばかり。ハラハラしますが、遠慮せずぶつかりあえるのも家族だからこそですよね。また血筋でしょうか、息子もロボットボクシングに夢中になり、ともに勝利をめざすことで徐々に距離が縮まっていきます。そしてやはり親子、頑固でお調子者な性格がそっくりで笑ってしまいます。

試合を重ねるなかで、マックスは元ボクサーである父の技をロボットに教え、父の栄光を取り戻したいと考えます。しかし、なかなか素直になれない父。どんな結末が2人を待っているのでしょう。

親子のきずなが深まり、2人がいい相棒になっていくのに比例して、ロボットの戦いもヒートアップ、技を繰り広げる戦いのシーンは迫力満点です。

おおかみこどもの雨と雪

2012年／日本
監督：細田守

『おおかみこどもの雨と雪』
Blu-ray発売中
6,800円＋税
発売元：バップ

子どもを見守る親の愛

オオカミ男といえば、人間からオオカミに変身して人を襲う少し凶暴なイメージ。しかし、本作に出てくるオオカミ男は違います。普段は人間として暮らし自由に変身ができる心優しい人物です。

主人公の花が恋をした相手は、じつはオオカミ男。その正体を知っても花の思いは変わらず、2人の子どもを授かります。活発な姉・雪と内気な弟・雨。少し変わった家庭ですが、幸せに暮らしていた家族にある悲しい出来事が…。

雪と雨は、オオカミに変身できる「おおかみこども」。身体は人間、耳としっぽだけオオカミに変身して無邪気に駆け回る姿はかわいらしく愛らしいです。しかし、2人は大きくなるにつれ、人間として生きていくのか、オオカミとして生きていくのかを考えるようになります。

本作では、生き方について悩む子どもに親が寄り添い、ともに悩み、乗り越えていく姿が描かれています。そんな親子のあり方を見ていると、みなさんも自分を見守ってくれている人の愛情に改めて気づかされるでしょう。家族みんなでぜひいっしょに見てほしい一作です。

グレート デイズ！ ―夢に挑んだ父と子―

2014年／フランス
監督：ニルス・タヴェルニエ

『グレート デイズ！ ―夢に挑んだ父と子―』
Blu-ray発売中
4,800円＋税
発売・販売元：ギャガ

父と子が過酷なレースに挑む

水泳、自転車、ランニングを連続で行うトライアスロンに挑む親子の物語。

ジュリアンは足が不自由で車いすの生活を送る17歳。ある日、これまで仕事一筋で自分と距離を置いてきた父・ポールとのきずなを取り戻すため、水泳3.8km、自転車180km、マラソン42.195kmというトライアスロンのなかでも最も過酷なレースに、いっしょに出てほしいと伝えます。初めは拒否していた父も息子に根負けし、挑戦を決意します。父は息子の乗るボートを引っ張りながら泳ぎ、息子を乗せて自転車をこぎ、車いすを押しながら走ります。ジュリアンも風の抵抗を受けにくいような姿勢をとったり、カーブを曲がりやすいように体重移動したりと工夫して、まさに二人三脚。

距離があった父と息子が過酷なレースにともに挑むことで、少しずつきずなを取り戻していく姿は、大きな感動を誘います。そして、その挑戦を見守る母や姉からは家族の温かさを感じます。家族への感謝を忘れず、明るく前向きに生きるジュリアンにみなさんもきっと勇気づけられるはず！

なんとなく得した気分になる話

生徒　先生

身の回りにある、知っていると
勉強の役に立つかもしれない知識をお届け!!

数学を勉強する理由

先生、どうして数学を勉強しなきゃいけないの？

それはだね、賢くなるためだよ。

賢く？　賢いってどういう意味？

数学に限らず、なんらかの勉強をすると知識が増える。その知識量が多ければ多いほど、色々なことを解決する能力を持つことができるから、問題が解けてテストの点数があがるのでは？　つまり、賢く見える。

なるほどね。じゃあ、数学を特別に勉強する必要はないね。

そんなに数学を勉強したくないの？

だって、図形の問題解いててさ、補助線なんかどこに引けばいいか思い浮かばないし、方程式なんかさ、なにをxにするかまではできるんだけど、式が立てられないんだよ。

要は、数学スランプなわけだな。

まあ、そんなとこかな…。

数学を勉強するとだね、アイデアが湧くようになるんだ。

アイデア…？

そうだ。それには、経験値がものを言う。つまり、解決できない問題を解決できるようにする術（すべ）を経験で身につける。例えば、図形問題の補助線がそうだね。解いたことがあるから、補助線が引ける。そして類題が解ける。その解法の知識が頭に入るという訓練こそが数学を勉強する理由だ。

なんか、わかったような気がするよ。でもイマイチ数学を勉強する理由としては納得できない…。

じゃあ、こんな例はどうだ？　「AさんもBさんも男である」。これを否定文にしてくれ。

「AさんもBさんも女である」。

違う！

なんで？　男の反対は女じゃないの？

よく考えてくれ。AさんとBさんの考えられる性別をすべて列挙してみると…。

（男、男）（男、女）（女、男）（女、女）の4通りある。

ということは？

（男、男）以外が否定にあたるんだ。

そうだ。じゃあ、言い直すと？　「AさんもBさんも男である」。この否定文は？

なんて言うんだろう。

正解は…「AさんまたはBさんは女である」。

難しい！　でも、これ数学？

そう、これも数学だ。論理と言うんだ。こういう知識は文系に進んで法律とかを勉強するようになると、とても必要になる。
じゃあ、これはどうだい？　「人生を80年と決めるといったい何秒か」。

えっ？　すごい多い秒数だよね。何億とか何兆とか…。もっと大きいのかな？

1分＝60秒だから1時間＝60×60＝3600秒。そして1日は24時間＝24×60×60＝86400秒。さて、1年は365日なので80年はうるう年が80÷4＝20回あることも考えて80年＝365×80＋1×20＝29220日ある。すると80年生きると86400×29220＝2524608000秒になるんだよ。まあ、ざっと25億と2000万秒くらいだな。

こんなに少ないの？　何兆とかじゃないんだ。

そう、意外と少ないんだよ。

もっと勉強するよ。

えらいな。

そうしないと、人生やり直せないし、先生見ててかわいそうになってきたんだ。

かわいそう？

人生およそ25億と2000万秒を知っているのに、毎日同じ生活でしょ？

そうだね、もう残りも少ないし…。

先生みたいにならないように頑張るね！

これで、数学を勉強する気になるなら、まあいいか…。

高校受験 ここが知りたい Q&A

Q Question まだ朝型への切り替えは間に合いますか?

これまでは夜遅くまで勉強していて完全な夜型でしたが、入試がだんだん近づいてきたので朝型の生活に変えたいと思っています。これから朝型に移行することはできますか。また、朝型に切り替える際に注意した方がいいことはありますか。

（所沢市・中３・ＵＨ）

A Answer 間に合いますので安心を。早起きと同時に朝から脳を使う練習も大切です。

これまで高校受験のために勉強をしてきたみなさんは、ほとんどが夜型の生活パターンで過ごしてきたのではないでしょうか。ですから、同じような心配をしている人も多くいると思います。

人間の脳は、起床してすぐには完全に機能せず、一定時間が経過してから働くような仕組みになっています。ですから、入試が始まる３時間前くらいには起きているのが理想的です。入試当日だけ早起きをしても効果は薄いので、徐々に朝型の生活パターンへ移行し、身体を慣らしておくといいでしょう。生活パターンが定着するまでどのくらいの期間を要するかは個人差もありますが、３～４週間あればかなり定着するはずです。つまり、これからでも十分に間に合います。

朝型に移行するときに気をつけてほしい点は、ただ朝早く起きるだけでなく、早起きした時間を脳のウォーミングアップの時間にあて、朝から頭を回転させる訓練を行うことです。計算問題や漢字練習、英単語・英熟語の確認など、短時間でできるような簡単な問題でいいので、毎朝やることを決めておくといいでしょう。

また、睡眠時間も当然きちんと確保すべきですから、寝る時間も早めるようにしてください。早起きすることによって睡眠時間が短くなってしまっては、朝型への移行も逆効果になってしまいます。

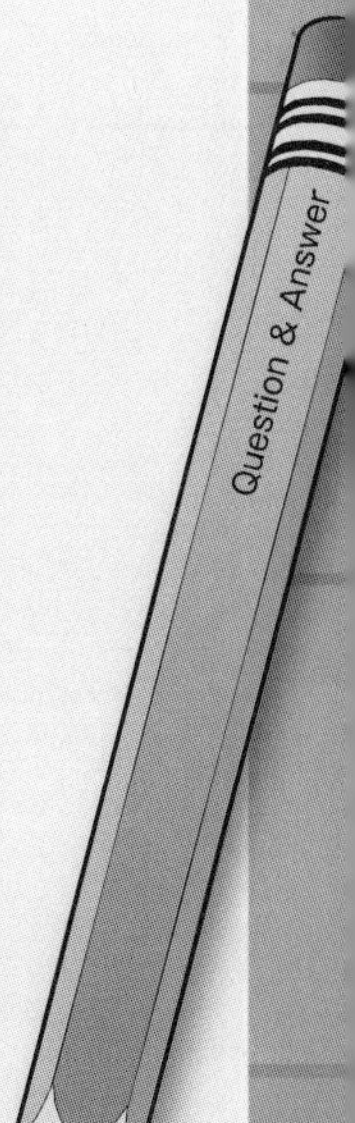

Success Ranking

全国学力・学習状況調査 数学A・Bランキング

前号に引き続いて、中3生を対象とした今年度の全国学力・学習状況調査の結果を紹介するよ。今月号は数学A・Bにおける正答数の都道府県別ランキング（公立中）を見てみよう。みんなの住んでいるところは何位に入っているかな？

数学A

順位	都道府県	平均正答数／問題数
1	**福井県**	**25.6／36**
2	秋田県	24.6／36
3	石川県	24.4／36
4	愛知県	24.2／36
4	兵庫県	24.2／36
6	富山県	24.1／36
7	東京都	23.9／36
8	静岡県	23.8／36
9	岐阜県	23.7／36
10	群馬県	23.5／36
10	京都府	23.5／36
10	奈良県	23.5／36
10	山口県	23.5／36
10	徳島県	23.5／36
10	愛媛県	23.5／36
16	神奈川県	23.4／36
17	広島県	23.3／36
32	千葉県	22.8／36
34	埼玉県	22.7／36
数学A 全国平均		23.2／36

数学B

順位	都道府県	平均正答数／問題数
1	**福井県**	**7.2／15**
2	秋田県	7.0／15
3	富山県	6.7／15
3	石川県	6.7／15
3	静岡県	6.7／15
6	東京都	6.6／15
6	岐阜県	6.6／15
6	愛知県	6.6／15
9	神奈川県	6.5／15
9	愛媛県	6.5／15
11	群馬県	6.4／15
11	京都府	6.4／15
11	兵庫県	6.4／15
11	広島県	6.4／15
11	山口県	6.4／15
16	新潟県	6.3／15
16	奈良県	6.3／15
18	千葉県	6.2／15
25	埼玉県	6.1／15
数学B 全国平均		6.2／15

「平成27年度全国学力・学習状況調査」（文部科学省）をもとに作成

受験情報

東京

解答をマークシート方式にしない都立高もある

前号（12月号）で、都立高校の来春（2016年度）入試の解答にマークシート方式が全校に導入されることを詳報したが、マークシート方式を採用しない学校や、一部の教科ではマークシート方式を採用しない学校があるので注意したい。

■マークシート方式を採用しない学校＝島しょにある学校

■グループ作成問題のため、国語、算数、英語ではマークシート方式を採用しない学校＝**日比谷、戸山、青山、西、八王子東、立川、国立、新宿、墨田川、国分寺、白鷗、両国、富士、大泉、武蔵**。

※いずれも他の2教科（社会、理科）はマークシート方式。なお、グループで作成した問題の一部を、学校独自の問題と差し替えることがある。

■自校作成問題のため、英語ではマークシート方式を採用しない学校＝**国際**。

※他の4教科（国語、数学、社会、理科）はマークシート方式。

なお、都教委は11月、新たに採用される数学を含めて、マークシート解答用紙の見本をホームページに掲載した。

神奈川

公立高の募集定員は前年比455人増

神奈川県教育委員会は来春入試となる2016年度（平成28年度）公立高校入試の募集定員を発表した。

公立高校の全日制課程の募集は、153校（県立139校4万354人、市立14校3605人）計4万3959人となり、この春の募集と比べ12学級455人の増加となった。

学級増減の内訳は、県立24校での18学級増6学級減で、市立の学級増減はなかった。

これは、中学卒業の生徒数が増えることなどからの措置。

なお、全日制普通科での定員が増える学校14校と､減る学校2校は下記の通り。昨年に比べ上位校での増減はなかった。

【募集定員増】旭、松陽、保土ヶ谷、上矢部、横浜南陵、磯子、生田東、菅、麻生、七里ガ浜、大船、二宮、伊勢原、足柄

【募集定員減】大和東、上鶴間

地域別では、増えるのは旧横浜西部学区、旧横浜中部学区、旧川崎北部学区、旧鎌倉藤沢学区が多くなっている。

（関連記事64ページ）

15歳の考現学

アクティブラーニングの授業はすでに現実のものになっている

森上《もりがみ》 展安《のぶやす》

森上教育研究所所長。1953年、岡山県生まれ。早稲田大学卒業。進学塾経営などを経て、1987年に「森上教育研究所」を設立。「受験」をキーワードに幅広く教育問題を扱う。近著に『教育時論』（英潮社）や『入りやすくてお得な学校』『中学受験図鑑』（ともにダイヤモンド社）などがある。教育相談、講演会も実施している。

HP：http://www.morigami.co.jp

Email：morigami@pp.iij4u.or.jp

新しいスタイルの授業を私立中高の多くが始めている

過日、筆者の事務所から、首都圏の私立中学高等学校290余校に、いわゆるACT21S（21世紀型スキル）もしくは、アクティブラーニングの授業をすでに行っているかどうかについて、緊急アンケートを行いました。

雑誌の掲載締め切りの関係で、月、火曜日の2日間しか実施しなかったにもかかわらず、幸いなことに全体の3分の1にあたる約100校から「なんらかの形で取り入れている」という返信がありました。

筆者はこの反響にまずびっくりしてしまいました。その詳しい内容は、以下のHP（http://www.morigami.co.jp/）に載せていますので、ご一読いただければ幸いです。

ただ、中高一貫校へのアンケートだった関係で、高校のみの私立校にはアンケートをしていません。

逆に言えば、中高一貫校の3分の1が、なんらかのアクティブラーニングもしくは21世紀型スキルの授業を行っているわけですから、5年先に実施される予定の、新学習指導要領で明記されたアクティブラーニングを、もう取り入れている、ということになりますし、そもそも、それらの高校では中学からそうした授業を受けた生徒があがってくる、ということにもなります。

いやおうなく始まる世界標準の授業方法

読者のみなさまには、アクティブラーニングや、21世紀型スキルといってもピンとこないかもしれませんが、日本など、いわゆる先進国と言われる国々の集まりで構成するOECD（経済協力開発機構）加盟各国で、これからの子どもたちが成人して社会に出るころに必要な資質について、これを、「キー・コンピテンシー（主要能力）」として想定し、その養成を教育のなかに入れよう、と模索している事情が背景にあります。

というのも、現在の職業のうち6割がそのころには姿を消しているだろう、という予測があるからです。

そうなると、現存の職業――例えば医師など――に沿って考えられてきた資質と違って、新しい職業に必要な資質についての判断、見通しが必要になります。OECDではそれらをキー・コンピテンシーと呼び、そういった21世紀型スキルとしての内容を研究しているのですが、そこにある中心課題は、コンピューターとの共存、活用ということです。

例えば、スマホをかざせば、微積分などの複雑な計算を即座にしてくれるというのいまの時代では、微積分の原理を知らないということはないにしても、微積分をどう使ってどういうことができるかを知っておかないと宝の持ち腐れというものでしょう。

したがって成績評価も微積分の計算ができるかどうか、あるいは微積分をどう解くか、ではなくてなにか現実的な問題に直面してその解決のために微積分を応用すると、問題のこの部分が解決する、といった応用知を磨いていく必要があります。

そうなると授業の方法が変わってくることになります。どちらかというと、これまでは問題解決のために武器となる技を磨く、というよりは武器の性能を知ったり、武器の精度を高めたりしていたのですが、これからは、まさに武器を使う技を磨こうというわけです。少し例えが物騒で恐縮ですが。

でも、これは5年先のお話ではなくて現実の話でもあります。

実際ニュージーランドでは何年か前に、日本がこれからしようとしている高校までの教育と、大学からの教育を一体化し、職業に必要とされるコンピテンシー（能力）を一貫指導しようとしたのですが、あまりに現実の変化が激しく、職業が大きく変わっていくため、いまさらながらコンピテンシーの見直しをせざるをえなくなっているほどです。

大学入試改革の遅れに関係なく変わっていく

ともあれ、そうした現実があり、だからこそ私立中・高等学校も、その変化対応を急いでいるのでしょうが、もう1つの理由は、大学入試もこうした動きに対応しよう、としている事情があります。

ところが、大学入試の改革は、当初はいまの中1から、とされたものの、いまでは現在の小3からでも、と大きくスケジュールが延ばされてしまいそうです。

それでも、大学入試の先にある大学の教育、そしてなにより仕事では、この21世紀型スキルはモノを言います。だとすると、大学入試改革が遅れているとしても、高校3年間と大学4年間で切れ目なく、21世紀型スキルを身につけた方がよい、という判断になるに決まっています。

幸い、21世紀型スキルといっても、要は学び方、つまり授業の方法の変化ですから、通常の授業で指導経験が豊富であれば、やり方を生徒自身の協働性・能動性に働きかける授業方法さえとることができれば、十分こなせるはずで、要は学校あるいは個々の先生がそのような方針をとるかどうかの違いといってよいでしょう。

実際、難関校と言われる学校になると、おおむね生徒が能動的・協働的な授業を好むこともあり、従来からそうした授業が多いのが現状です。ただ、受験中心の進学校ともなると、効率的に知識を伝えたいので、どうしても従来の教師の講義型（実証主義と言われる考え方）になりがちなことも否めません。しかし、同じ教材、同じ先生でもすべての授業が実証主義の講義型かというとそうではなく、半分か3割くらいはアクティブラーニング（構成主義の考え方と言われ、要は生徒が能動的、協働的に参加する授業）で授業をしています。バリエーションがあるわけですね。

あるいは、社会科や総合の時間でそうした対応をしている、というところも少なくありません。

全国の学校がアクティブラーニング型の授業に変わるのは、新指導要領実施後からです。それは5年後で、公立高校も当然実施しますが、いまは私立高校の先行がめだちます。つまり当面は私立高校の特色といってよいでしょう。

繰り返しになりますが、難関高校は従来から生徒の質が高いので、すでに実質的にアクティブラーニングの指導が多いと考えて差し支えありません。例えば東京学芸大附属などは、物理が大変な実験授業と聞いていますので、まさにアクティブラーニングなわけです。

もっとも授業である以上、評価がつきまといます。従来のようなペーパー試験の評価ではなく、発言し考えを練りあげる協働性・能動性の評価になりますから、なにをもってどのようなスコアにするかは、その指導者の基準というか、なんらかの絶対的な基準に基づいてなされます。21世紀型スキルの授業および評価というときは、この基準が示されていて、それはOECDのキー・コンピテンシーが背後にある、あるいはあるべきだということは言い添えておきます。

ここがポイント！
私立高校入試の面接

いよいよ入試が近づいてきました。なかでも早く始まるのが各都県の私立高校入試です。面接、作文（小論文）は私立、公立を問わず実施する学校が多く、なかでも私立高校入試での面接は、推薦入試（前期）だけでなく一般入試（後期）でも実施する学校が多くみられます。

入学後3年間の生活を問うのが「面接」

今回は私立高校入試の面接について、当日の心がまえや注意すべきポイントをお話しします。試験日の朝、このページをもう一度読み、リラックスして面接試験に臨みましょう。

また、次回は、まさに入試直前になりますが、「作文・小論文」についてお話しする予定です。

さて、高校受験での面接、これが人生で初めて受ける面接だ、という人が受験生のほとんどだと思います。「不安だ」「面接なんてヤダぁ」と思っている人が、そのまた、ほとんどだと思います。

だれだって、初めて会った目上の人と話すこと、さらに自分のことを聞かれ、答えていかねばならないのですから緊張します。

しかも、面接会場はどこか冷たい空間に感じられることでしょう。

グループ面接だと、ほかの受験生は自分より頭の回転も早いし、発言もしっかりしてる、なんて感じてしまうものです。

しかし、それはみんないっしょなのです。面接が苦手だというのもみんな同じです。ですから、しっかりと落ち着いて、自分自身と戦うつもりで面接試験に向かいましょう。ほかの人は関係ありません。

私立での面接は重要 その本質を見極めよう

私立高校では、推薦入試、一般入試を問わず、多くの学校で面接が実施されています。

「面接は参考程度」としている学校が多いのは事実ですし、公立高校などでは、髪型や服装などで点数をつけることは御法度《ごはっと》とされます。しかし、私立高校には厳然として「建学の精神」があり、それぞれに教育理念がありますから、面接での態度はしっかりと見られます。度を過ぎた髪型や服装、年上の者（面接官＝先生）に対する非常識な言葉づかいでの受験では評価は得られません。

例えば、一般入試で1次試験と2次試験があり、1次に受かった受験生に対して2次で面接試験を行う学校では、面接をきわめて重視しているということになります。

面接を重視する学校は面接時間も長くなり（個人面接で10分程度）、さまざまな質問をされます。志望校の面接がどのように行われるのか、どんな質問が多いのか、事前に調べておくことがポイントです。

しかしながら、学校側は「いつもといっしょ」の質問を避けたいのも当然で、「こんなはずでは…」という「まさか」の質問、「答えを用意していなかった」質問をされることもあるでしょう。予想していない質問が出たとき、思わず頭がまっ白になってしまい、1分間もの無言の時間ができてしまったなどという失敗例もあります。そんなとき、あわてずに自分の言葉で、自分の考えを述べられるようにしておきましょう。

準備のしすぎも考えものだということです。

面接で問われるのは その学校での適性

では、面接ではなにを問われることになるのでしょうか。よく、受験ガイドブックやインターネット上に『面接質問集』などが掲載されていますが、個々の質問例にこだわっていると、前述の失敗例に陥りがちです。

ですから、面接で問われることはなにか、その本質を考えておいた方が得策です。

じつは、各校の面接の目的は、その受験生が入学したとして、その学校で3年間の学校生活をうまく過ごしていけるかどうかをみることなのです。

そのために、面接官は、もちろん、その学校の先生が担当しているわけです。

つまり、先生自身がこの生徒と、「これからの3年間をいっしょに楽しくやっていけるかどうか」という目で見ているのです。

ということは、受験生側も質問に答えていく前提として、「この学校に入りたいのです」「この学校で楽しく過ごしたいのです」「この学校で過ごし、そして次にこんなことをめざしたいのです」という姿勢で答えていけば「×」がつくことはありません。

受験生としては、進学後に「この学校、思っていたのと違うな」と、ミスマッチが起きた場合には、つまらない3年間を送らねばなりません。ですから、受験生側も「面接」で、その学校を感じてほしいのです。面接は入試の重要な一部分だということがわかると思います。

入試は、合格することだけがすべてではありません。自分と学校の相性を見極めるための作業だということも頭に入れてください。

評価される「人柄」「意欲」 受け応えの態度も重要

このように学校側は、入学して3年間を真摯に過ごすことができる受験生を選びたいのです。ですからまず、受験生の人柄や性格を知ろうとします。その手がかりとして、意欲、熟意や基本的な生活態度、言葉づかいなどをみます。

受験生側としては、志望校の教育方針、志望学科の内容をよく理解しておくことが、面接対応として、最低限やっておきたいことです。

また、受け応えでは、礼儀正しく、率直な態度を心がけましょう。服装についても、清潔な印象の服を選び、制服の場合もきちんとした着こなしで出かけてください。

面接は多くの場合、短い時間（1人5分程度）のなかで行われますし、グループ面接という学校もあります。

短い時間のなかで、1人ひとりの個性すべてがわかるわけではありませんが、学校側はさまざまな面から受験生を評価・判断しようとします。

面接も入学試験の一部ですから、評価方法は学校によってさまざまですが、点数がつけられています。

その評価は、あくまでも高校側の合格基準にどれだけあてはまる受験生であるかということが基準となります。評価は、学校の成績のように5段階で評価したり、A、B、Cといった3段階で行っている学校もあります。

面接官が見ているのは、端的に言えば「教えやすそうか」「人の言うことを素直に聞いてくれそうか」といった、初対面での印象です。

「面接で聞かれるのは中学時代の3年間のこと」と思っている人が多いようです。ところが、聞かれることはそれだけではありません。

じつは、面接官は、その返答の内容をそれほど重視しているわけでもないのです。その内容よりも、その返答をする態度や、これからの意欲などをみています。

例えば「中学時代はどんな学校生活を送りましたか」という質問でも、その受け応えをつうじて、その後の3年間を判断しているのです。

描いておきたいのは 高校生になったときの自分

ですから、面接の前にちょっと考えておいてほしいことがあります。

自分なりに、その高校でどう過ごして、その先の「将来の自分」にどのようなイメージを持っているのか、未来像を描いてみてほしいのです。

そうすることによって、「中学時代のこと」に対する受け応えをしていても、返答に深みが出ます。

例えば一般入試で、合否のボーダーラインとなった場合、面接点よって合格・不合格に振り分けられる可能性もあります。

ボーダーライン上に何人もが並んでいるとき、面接結果を参考に「意欲がある」「人柄」などで、好印象を与えた受験生を優先することは当然ともいえます。

また面接は、面接会場に入ってからだけでなく、控え室で順番を待っている態度もしっかりチェックされていると考えた方がよさそうです。

入学願書の提出窓口でチェックをしている学校もあるといいます。

面接の待ち時間は、指定された場所で本や参考書を読むなどして静かに待ちましょう。

歩き回ったり、友だちとのおしゃべりは慎むべきです。静かにしているとはいえ、イヤホンで音楽を聴くのも感心しません。また、乱暴・軽率な態度にも注意しましょう。

とくに、面接が終わったあと、まだ控え室にいる友だちと言葉を交わすのは厳禁です。これは、面接時の質問内容や雰囲気などが、事前にこれから面接する受験生に漏れてしまう可能性があるからです。その場合は試験の公平性が保てません。

トイレに立つなど席を離れたいときは、必ず係の先生に断ってから席を立つようにします。

明るい印象を心がける 答えの言葉はハキハキと

では、具体的にはどんな質問が投げかけられるかについて、少し触れたいと思います。

大きく分けると、「客観的事実」「中学生活」「高校生活」「自分・家族・友だち」「社会的ニュースへの関心」「志望動機」です。

「客観的事実」とは、受験番号や名前、中学の校長先生の名前など。

「中学生活」とは、中学時代をどのように過ごしたか。

「高校生活」は、合格後の自分をイメージできているか。

「自分・家族・友だち」では、自己評価、家族や友だちへの思い。

「社会的ニュースへの関心」では、最近のニュースを知っているか、そのニュースを聞いて感じたこと。

「志望動機」はその学校を選んだ理由です。

受験生を困らせるような質問はありません。もし、質問の意味がわからなかったら「もう一度お願いします」と問い返せば、さらにかみ砕いて質問してくれます。わからないことはあいまいにせず、はっきりと「わかりません」と言った方が印象はよくなります。

前述したように、その返答の内容よりも、返答をする態度がみられているからです。

その学校のことを 知っておくこと

ここで、面接時のポイントをあげておきます。

【意欲】

志望理由を聞かれたときなどには、高校生活への意欲や入学への熱意を積極的に伝える。

【服装・髪型】

清潔な印象を与えることがポイント。中学生らしさを意識する。ピアス、茶髪などは自ら不合格を望んでいるのと同じです。

【礼儀・態度】

おじぎ一つで印象が違います。しっかりと立ちどまり姿勢を正して、おじぎをするようにします。自分が話すときだけでなく、面接官の質問を真剣に聞く姿勢も大切。グループ面接の際には、自分が指名されていないときの態度も重要です。

【言葉づかい】

小声や早口に気をつけましょう。返事は歯切れよく、「ハイ」「イイエ」。語尾は「…です」とはっきり。「あの～、その～」にならないよう注意します。なれなれしい友だち言葉や流行語は禁物です。明るい印象を心がけます。

【性格・人柄】

面接のときだけ「よそいき」の話し方をしても、どうしても人柄は出てしまうものです。普段の自分を率直に出した方が、かえって誠実な印象を与えます。

【学校の教育方針に対する理解】

面接の前日に、学校案内に目を通しておきましょう。併願校と勘ちがいして覚えていたり、発言したりしないように注意します。

【失敗はだれにでもある】

失敗はだれにでもあります。そんなとき、ミスを引きずって黙り込んでしまったりせず、「あっ、間違えました」「言い直していいですか」などという言葉をはさんで、再度発言した方が、好印象です。

私立 INSIDE

公立 CLOSE UP

公立高校入試展望2016【神奈川編】

安田教育研究所 代表　安田 理

神奈川は入試機会が一本化されてから４年目となります。2015年度（平成27年度）の平均実倍率は前年と同じ1.18倍でした。新制度の定着とともに全体の実倍率はあまり変わらないなか、隔年現象が見られる一方、人気校に志望者が集中し定員割れ校が増える二極化傾向も見られます。

入試機会の一本化が定着

神奈川の公立高校入試制度は、２０１３年度（平成25年度）から大きく変わりました。

それまで2回あった選抜の機会が一本化され、一部の難関校で導入されていた学校独自問題は廃止。学力検査では記述問題が増え、特色検査の実施が可能になりました。

このような変化に不安を持った受検生が、確実に合格できそうな公立高校を志望したり、私立高校に志望先を変更したりする動きが初年度は見られました。しかし、2回に分散していた入試機会が一本化されたことも手伝って、平均実倍率は２０１２年度（平成24年度）後期の1・40倍から２０１３年度は1・17倍に緩和しました。

新制度導入2年目となった２０１４年度（平成26年度）以降、2年連続で1・18倍と平均実倍率はほぼ変わっていません。それまでの入試では1年おきに上下する隔年現象が見られましたが、新制度下ではほぼ同じ数値で推移しています。

募集増加率は横ばい

２０１６年度（平成28年度）の公立中学卒業予定者数は５７５人増の7万３１９人。前年比で０・８％増えています。公立高校では４５５人増の4万３９５９人を募集の予定で、前年比１・０％増加するので人口増加率をわずかに上回っています。

入試制度変更後、募集枠を少しずつ広げ、２０１５年度からは拡大した募集枠を維持しています。

前・後期の2回募集をしていた２０１２年度までは1年おきに平均実倍率が上下する隔年現象が見られました。新制度導入以降はほぼ変わらない状況が続いています。

２０１６年度の臨時増員校18校のうち、２０１５年度の実倍率が全体の平均実倍率を上回ったのは6校しかありません。

新制度になってから神奈川では人気校に受検生が集中する傾向が見られます。そのぶん、定員割れ校・低実倍率校もめだつようになりました。定員割れ校が増えると全合格者数が減るので平均実倍率があがることも考えられますが、今春の1・18倍から大きくは変わらないでしょう。

横浜国際が臨時定員増

学力向上進学重点校では横浜国際のみ定員を増やします。前年の1クラス減少から再び6クラス募集になります。制度変更初年度の２０１３年度以降の実倍率は1・16倍↓1・30倍↓1・71倍と上昇が続いているため、募集増は朗報です。２年前の増員の際には受検生数を80人近く増やし、実倍率も上昇しました。前年が低めの倍率だった影響もありましたが、増員が倍率緩和につながるとは限りません。神奈川県立高校では唯一のスーパーグローバルハイスクール（ＳＧＨ）指定校です。近年の「国際」人気の高さから受検生を大きく増やせば実倍率が上がる可能性があります。

２０１５年度は中高一貫校一期生の高校内部進学によって２００人から40人に募集数を削減した**市立南**をはじめ、**希望ケ丘**、**川和**、**神奈川総合**など19校が人口減に対応して募集数を減らしました。

削減した募集数を下回るほど受験生数を減らした希望ケ丘では1・22倍から1・20倍に緩和しました。一方、募集数を削減したのに受検生数を増やした川和は1・41倍から1・68倍に実倍率が上昇。変更初年度は1・43倍ですので、このまま隔年現象が起きれば２０１６年度は緩和することになります。神奈川総合の国際文化コースでは１２０人から80人に募集数を減らしましたが、受検生数はあまり減らなかったため実倍率は1・18倍から1・70倍に上昇。「国際」人気通りの結果となりました。

募集数を大幅に減らした市立南では志願変更前の募集数を下回る応募者数を見て志願変更をした受検生が増加。前年の1・15倍から1・18倍にあがりました。

進学重点校の横浜翠嵐、光陵、柏陽など増員を2年連続で維持

横浜翠嵐、**光陵**、**柏陽**は２０１４年度に臨時で募集数を増やしたまま2年連続で募集数を変更しません。

公立中学卒業予定者数が増える今年度以降、しばらくは減少が予想されています。２０１７年度（平成29年度）以降は定員削減も考えられます。

２０１５年度の横浜翠嵐は定員増を上回る受検生数を集めた前年の反動で1・76倍から1・55倍に実倍率を下げました。それでも県内公立では高い実倍率です。隔年現象が起きるなら、２０１６年度は倍率をあげる年にあたります。難易度も県下トップレベルに変化はないでしょう。

光陵は2年前の1・11倍から1・42倍↓1・59倍と実倍率が上昇し続けています。難関大学合格実績の上昇も人気につながりました。東京大合格をはじめ２０１５年度も好調なので、人気を維持しそうです。

柏陽は２０１４年度に募集増員の結果、応募者数を増やしましたが、実倍率は1・39倍から1・35倍に緩和。募集数を維持した２０１５年度も1・27倍でした。東京大に毎年複数合格を出す学力向上進学重点校としては実倍率がおとなしめのため、受検生数を減らす可能性もあります。

湘南、サイエンスフロンティアは隔年現象

２０１５年度に募集数を増やした**鎌倉**は受検生数も増やしましたが実倍率は1・27倍から1・18倍に下がりました。**追浜**も受験生数がほぼ同じだったため、1・38倍から1・20倍に緩和しました。学力向上進学重点校の両校とも２０１６年度は募集数を保ちますが、応募者数を大きく増やす可能性は高くないでしょう。

横浜翠嵐に並ぶトップ校で県内公立高校では最多の東京大合格者数を出した**湘南**の実倍率は２０１３年度から1・57倍↓1・45倍↓1・68倍と1年おきに上下しています。隔年現象が続けば２０１６年度は下がる年に当たりますが、難易度は変わらず厳しい入試になると思われます。

学力向上進学重点校以外では、２０１７年度から併設中学開校予定の**市立横浜サイエンスフロンティア**も実倍率では1・67倍↓1・46倍↓1・61倍と湘南と似た隔年現象が見られます。**横浜平沼**も実倍率は1・36倍↓1・12倍↓1・23倍と1年おきに上下しています。

どちらも人気校ですので実倍率が下がったとしても難易度はあまり変わらないでしょう。

【神奈川県公立高校募集数　２０１６年度変更校（カッコ内の数値は２０１５年度結果倍率）】

○増員校…横浜国際（1・71）、**大船**（1・33）、**七里ガ浜**（1・18）、**松陽**（1・26）、**藤沢清流**（1・17）、**横浜南陵**（1・11）、**麻生**（1・00）、**旭**（1・01）、**金沢総合**（1・30）、**上矢部**（1・19）、**相模原総合**（1・00）、**生田東**（1・19）、**伊勢原**（1・18）、**保土ケ谷**（1・11）、**二宮**（1・18）、**菅**（1・09）、**麻生総合**（1・10）、**大師**（1・14）

○減員校…**足柄**（1・09）、**上鶴間**（1・00）、**横浜桜陽**（1・01）、**磯子**（1・00）、**大和東**（1・10）、**厚木清南**（1・07）

高校入試の基礎知識

進学希望を入学願書で意思表示

３年生は、まもなく「入学願書」を書かなければなりませんので、「入学願書」の書き方についてお話しします。受験生のみなさんは、おそらく正式の提出書類というものを記すのは、これが初めてでしょう。ですから、書く前にしっかりと準備をし、落ち着いて入学願書に向かいましょう。

受験生本人が書くのが高校の入学願書

志望校の入学願書は、もう用意されていますか。

住んでいる都県の公立高校の願書なら、いま通っている公立中学で手に入れることができます。また、公私を問わず、志望する高校に足を運べば入手することができます。

他県からの受験生も志望校を訪ねるのがベターですし、各教育委員会やその出先機関でも手に入れることができます。海外からの受験生は、返送用の封筒（切手貼付）を同封して志望校に問い合わせれば送ってくれます。事前にそのようなお願いをすることを電話連絡しておけば安心です。

いずれの場合も2通入手しておくと安心です。書き損じの場合のリザーブ（予備）です。

さて、以下は、具体的な「入学願書の書き方」ですが、各都県、公立、私立の違いによって書類名称が異なってきますので、それぞれの実情に合わせて読んでください。

高校受験での「入学願書」は、基本的に受験生本人が書きます。ただ、保護者氏名の署名欄などは保護者が記してもかまいません。

「受験生本人自署のこと」「受験生本人が記入すること」などの注意書きがあるところは、必ず本人がすべてを記入します。「志望動機」や「本校を志望した理由」などがこれにあたります。しかし「健康調査書」など保護者が記入すべきものもあるので注意しましょう。

面接がある学校では、面接官が願書を見ながら質問をします。自分で記入しておかないと、書類と答えとが合わなくなる危険性があります。「自己PRカード」や「自己推薦書」についても同じことがいえます。

また、面接がない学校の場合は、願書の「志望動機欄」が唯一の意思表示の場です。「この学校に入りたいのです」という気持ちを願書でしっかり伝えましょう。

「見直し」は必ずやること 多いのは捺印欄の漏れ

書き終わった入学願書をチェックするときは、捺印《なついん》の漏れがないかを最初にみます。このミスが最も多いからです。

また、記入欄のずれがないかも確認します。生年月日、中学校の卒業見込み年度などの数字も間違いやすい部分です。学校によって元号で記す場合と西暦で記入する場合があります。

ふりがなについては、「ふりがな」とあるときはひらがなで、「フリガナ」とあるときにはカタカナで記入するのが常識ですが、これを間違えたとしても大きな影響はありません。

私立の場合は、複数の試験日程のうち、自分が受験する日に○印をする場合がほとんどです。受験日が間違っていないか確認します。

「緊急連絡先」の欄は、受験時のトラブル対処のためもありますが、合格発表時に補欠であったとき、「繰り上げ合格連絡」に使われますので、すぐ連絡が取れる電話番号を書き込みます。携帯電話は受験生本人ではなく保護者の携帯番号を書きましょう。この場合、父、母、また、持ち主の氏名を書いておきましょう。

最近は複写式の願書や提出書類もあります。必要なページにそれぞれ複写されているかを確認します。厚紙をはさむ場所を間違え、書き込んだはずの文字がすべて写っていなかったり、ページが折れていて、複写に失敗していることもあります。

顔写真は受験時のスタイル（眼鏡など）で撮影し、指定された大きさにして貼ります。写真の裏に氏名を書いておけば、万一はがれてしまったときにも安心です。

最後に、入試要項や「入学願書記入上の注意」を読み直して再確認します。

さて、記入ミスが見つかった場合はどうするかというと、最もよいのは、もう1通願書を用意しておいて、ミスした1枚全部を書き直すことです。それが難しければ、間違えたところを線2本（千葉公立では赤色の線2本）で消し、そのうえに正しい記述をし、他の欄でも使った印鑑を押します。訂正印（訂正用の小さな印鑑）があればベターです。注意書きに訂正する場合の方法が示してあるときはそれに従います。

記入し終わったら、提出のための封入です。一度に複数校の願書を記入した場合、他校の封筒に誤って封入することがありますので、1校ずつ、記入→封入までを行うようにします。

確認したい提出期間
願書提出時にも注意点あり

願書提出には窓口持参と郵送とがありますが、郵送のみという学校が増える傾向にあります。提出期間は定められています。必着日を確認しましょう。

窓口持参の場合、願書記入時と同じペンと、捺印で使用した印鑑を持っていくことをおすすめします。受付で記入漏れの指摘を受けた場合に、その場で修正できるからです。

郵送の場合には、締切ぎりぎりの投函《とうかん》は避けましょう。窓口持参の場合は、土日に受付があるか、また、受付時間帯も調べておきましょう。とくに最終日は要チェックです。

提出する封筒にはあらかじめ「○○高等学校入学願書受付係　行」などと印刷してあります。この「行」は2本の斜め線で消して「御中」に直しましょう。

返送されてきた受験票は、透明ファイルなどで学校別に分けて保管します。入試当日に他校の受験票を持っていくなどのミスが起きないように注意しましょう。

「自己推薦書」は
面接の材料となる

「自己推薦書」や「自己PRカード」も受験生本人が書きます。

東京都立高校の「自己PRカード」は、受験前の提出は面接がある学校のみとなりましたので（点数化せず面接資料となる）少し負担は減りました。神奈川の公立高校では「面接シート」の提出が必要です。千葉の公立高校の一部が提出を求めている志願理由書には「自己アピール記載欄」があります。私立高校などでは自己推薦の書類を提出する学校が多くあります。

これらの自己推薦書を書く際には、その学校のホームページに掲載されている「望んでいる生徒像」を一読しておく必要があります。

さて、書き方の基本は、「自分の言葉」で表現するということです。受験ガイドブックなどに掲載されている自己推薦書の例をそのまま書き写したものではなく、自分の言葉で書きましょう。

高校の入試担当の先生は、多くの自己推薦書を読むわけですから、例文まる写しや語句を変更しただけの文面には、すぐに気がつきます。志望意欲に疑問符をつけられないとも限りません。

東京都立や神奈川公立の面接では、自己PRカードや面接シートが面接資料とされます。それをもとに、受験生の真意を尋ねるわけですから、自分の言葉で書いておかないと、質問にマッチした答えができません。

11月号の答えと解説

問題 Q 論理パズル

２人組の犯人が、あるアパートに逃げ込みました。追いかけてきた警官は、そのアパートの住人である５人から犯人はだれかと聞いたところ、それぞれ次のように発言しました。

A「私は犯人ではありません。BとDが犯人だと思います。」

B「私は犯人ではありません。AもDも犯人ではないと思います。」

C「私は犯人ではありません。AとDが犯人だと思います。」

D「私は犯人ではありません。AもCも犯人ではないと思います。」

E「私は犯人ではありません。AとBが犯人だと思います。」

５人の発言のうち、本当の犯人である２人は、互いに相手を犯人だと言うことはなく、犯人でない者の発言にはまったく根拠がないものとすると、２人組の犯人はだれとだれでしょうか。

解答 CとE

解説

「本当の犯人である２人は、互いに相手を犯人だと言うことはない」ことを利用します。

仮にAが犯人の１人だとすると、「BとDが犯人だ」はウソであり、CまたはEが共犯者であることになります。ところが、CもEも共犯者であるはずのAを犯人だと言っているので、条件に合いません。

このように考えると、ともに相手を犯人だと言っていないペアが、犯人の２人組である可能性があることになります。

５人の発言を表で整理すると、右の表のようになり、ともに相手を犯人だと言っていないのはCとEのペアだけですから、彼らが犯人の２人組だということになります。

		犯人だと言っていない人物
発言者	A	C、E
	B	A、D
	C	B、E
	D	A、C
	E	C、D

中学生のための学習パズル

今月号の問題

Q マスターワード

？に入る文字を推理するパズルです。☆は？に入る文字が使われていますが、入る位置が違うことを表しています。★は入る位置も正しく使われています。☆（もしくは★）1個は1文字です。また、単語は、BOOKやEVERYのように、同じ文字が含まれていることはありません。

【例】 次の ？？？ に当てはまる3文字の英単語を答えなさい。

？？？

①	CAT	☆☆
②	EAT	☆☆
③	SEA	☆☆
④	USE	★

【解き方】

③と④を比べると、Aが使われていて、Uは使われていないことがわかり、さらに②、③から、Aは1文字目です。

次に、④でSが使われているとすると、Eは使われていないことになり、②からTが使われていることになります。ところが、④からSは2文字目の位置になりますから、Tの位置が①、②と矛盾します。

よって、④ではEは使われていることになり、②からTが使われていないことになります。こうして推理を進めていくと ？？？ は“ACE”ということがわかります。

それでは、この要領で次の問題を考えてみてください。

【問題】 次の ？？？？？ に当てはまる5文字の英単語はなんでしょう

？？？？？

①	TIGER	★★☆
②	YACHT	★★
③	SHARP	★☆
④	THOSE	☆☆☆
⑤	IMAGE	☆☆

ヒント：①、②、④を比べると、5文字の単語であることから、使われているアルファベットの種類や位置が絞られてきます。

11月号学習パズル当選者

全正解者29名

廣田　公司さん（中2・埼玉県さいたま市）
大谷　晴海さん（中2・東京都江戸川区）
若林　徹さん（中1・千葉県松戸市）

応募方法

●必須記入事項

01　クイズの答え
02　住所
03　氏名（フリガナ）
04　学年
05　年齢
06　右のアンケート解答

◎すべての項目にお答えのうえ、ご応募ください。
◎ハガキ・ＦＡＸ・e-mailのいずれかでご応募ください。
◎正解者のなかから抽選で３名の方に図書カードをプレゼントいたします。
◎当選者の発表は本誌2016年3月号誌上の予定です。

●下記のアンケートにお答えください。

A今月号でおもしろかった記事とその理由
B今後、特集してほしい企画
C今後、取り上げてほしい高校など
Dその他、本誌をお読みになっての感想

◆応募締切日 2016年1月15日（当日消印有効）

◆あて先

〒101-0047　東京都千代田区内神田2-4-2
グローバル教育出版　サクセス編集室
FAX：03-5939-6014
e-mail:success15@g-ap.com

桐《とう》朋《ほう》女《じょ》子《し》高等学校

■ 東京都調布市若葉町1-41-1
■ 京王線「仙川駅」徒歩5分、小田急線「成城学園前駅」・JR中央線「吉祥寺駅」「三鷹駅」バス
■ 03-3300-2111
■ http://www.toho.ac.jp/chuko/

平日の学校案内　要予約

1月13日（水）　10：40～12：00
1月15日（金）　10：40～12：00
1月16日（土）　10：40～12：00
1月18日（月）　13：30～14：50
※詳しくはHPをご覧ください。

問題

アメリカに住んでいる友達のLucy（ルーシー）が、日本のあなたの家に遊びに来ることになりました。Lucyは日本で行ってみたい場所がたくさんあり、あなたのおすすめの場所を知りたがっています。あなたがおすすめできる場所（好きな場所）とその理由について、Lucyに手紙を書きなさい。ただし、英文は4文以上、それぞれの英文は5語以上とします。手紙の書き出しと終わりは、解答用紙にしたがうこと。

※解答用紙では書き出しは（Dear Lucy，How are you?）、書き終わりは（See you.）で書くように指示されています。

解答例　(Dear Lucy,　How are you?) I'm glad you're coming to Japan. You should visit Tokyo Skytree. I went there last summer with my family. The view from the top of the tower was great. I'll take you there. I can't wait for you to come.　(See you.)

獨《どっ》協《きょう》埼《さい》玉《たま》高等学校

■ 埼玉県越谷市恩間新田寺前316
■ 東武伊勢崎線「せんげん台駅」徒歩20分またはバス
■ 048-977-5441
■ http://www.dokkyo-saitama.ed.jp/

個別相談会

12月20日（日）　受付9：00～10：30
12月26日（土）　受付9：00～10：00

入試日程

第1回入試 単願・併願　1月22日（金）
第2回入試 単願・併願　1月23日（土）

問題

次の日本文の意味を表すのに最もふさわしい英文を下から1つ選び、記号で答えなさい。

1　富士山に登ったことがありますか。
ア　Have you ever risen Mt.Fuji?
イ　Have you ever raised Mt.Fuji?
ウ　Have you ever climbed Mt.Fuji?
エ　Have you ever went up Mt.Fuji?

2　今朝彼の調子が悪かったことをあなたは知っていたよね？
ア　You knew that he was feeling bad this morning, do you?
イ　You knew that he was feeling bad this morning, don't you?
ウ　You knew that he was feeling bad this morning, did you?
エ　You knew that he was feeling bad this morning, didn't you?

3　チームに入ってくれるよう彼にもう一度頼んでください。
ア　Please ask to him to join the team again.
イ　Please ask him to join to the team again.
ウ　Please ask to him join the team again.
エ　Please ask him to join the team again.

4　彼女は何も言わずに出て行った。
ア　She went out without saying anything.
イ　She went out with saying nothing.
ウ　She went out without saying nothing.
エ　She went out with not saying anything.

解答　1.ウ　2.エ　3.エ　4.ア

私立高校の 入試問題

城西《じょうさい》大学《だいがく》附属《ふぞく》城西《じょうさい》高等学校

■ 東京都豊島区千早1-10-26

■ 地下鉄有楽町線・副都心線「要町駅」徒歩6分、西武池袋線「椎名町駅」徒歩7分、JR山手線ほか「池袋駅」徒歩19分

■ 03-3973-6331

■ http://josaigakuen.ac.jp/

学校説明会

1月9日（土） 14：30

問題

次の２文がほぼ同じ意味になるように（　　）内に適する英語を入れなさい。

(1) The boy has no food.
The boy has (　　) (　　) (　　).

(2) Her watch is better than mine.
(　　) watch is not as good (　　) (　　).

(3) You must not leave your bike here.
(　　) (　　) your bike here.

(4) You have a lot of homework you must do today.
You have a lot of homework (　　) (　　) today.

(5) She couldn't study for the test because she was very tired last night.
She was (　　) tired (　　) (　　) for the test last night.

(6) What language is spoken in Mexico?
What language (　　) (　　) (　　) in Mexico?

(7) When did you get to know her?
How (　　) have you (　　) her?

解答 (1) nothing to eat (2) My, as hers (3) Don't leave (4) to do (5) too, to study (6) do they(people) speak (7) long, known

城《じょう》　北《ほく》　高　等　学　校

■ 東京都板橋区東新町2-28-1

■ 東武東上線「上板橋駅」徒歩10分、地下鉄有楽町線・副都心線「小竹向原駅」徒歩20分

■ 03-3956-3157

■ http://www.johoku.ac.jp/

入試日程

推薦　1月22日（金）
一般　2月11日（木・祝）

問題

ある4桁の自然数Pについて，この自然数の一番左の数字を一番右に移動して作られた4桁の自然数をQとする。例えば，$P=1234$のときは$Q=2341$となる。Pの千の位の数字をx，下3桁の数をyとするとき，次の問いに答えよ。

ただし，Qの千の位が0になるようなPは考えないものとする。

(1) 自然数P，Qをx，yを用いて表せ。

(2) $P+Q=5379$となるとき，yをxの式で表せ。

(3) (2) の条件を満たす自然数Pのうち，偶数であるものをすべて求めよ。

解答 (1) $P=1000x+y$，$Q=x+10y$ (2) $y=-91x+489$ (3) 1398, 3216

\みんなの/ お便りコーナー サクセス広場

テーマ

最近読んで感動した本

森絵都さんの『**カラフル**』。死んでしまった主人公が生まれ変わるチャンスを与えられて…というお話です。1日で一気に読んじゃいました。
（中2・てんてんさん）

東野圭吾さんの『**麒麟《きりん》の翼**』。うまくコミュニケーションが取れない父親と息子なんて、自分に重ねてしまいました。読んで以来、親に対する接し方がちょっと変わりました。
（中3・T.S.さん）

陸上部なので佐藤多佳子さんの『**一瞬の風になれ**』はすごくよかったです！　陸上って個人競技だと思いがちだけど、仲間の大切さを改めて感じました！
（中2・アンカーさん）

中田永一さんの『**くちびるに歌を**』。主人公たちが住んでいる場所とは全然環境が違うけど、なんだか共感できることがたくさんあったので。
（中2・くちびるぷるぷるさん）

小川洋子さんの『**博士の愛した数式**』。「サクセス15」の5月号の特集で映画が紹介されていたのでまずは原作を読んでみました。80分しか記憶を保てない博士と家政婦、その息子との交流が、本当の家族みたいでジーンとしました。次は映画を見たいと思います！
（中2・るうとさん）

テーマ

好きな乗り物

飛行機。この間初めて乗ったんですけど、興奮しました。着陸のときのお腹がヒューってなる感じがたまりません！
（中2・じゃるるさん）

バス。とくに夜走っているバスを眺めるのがいい。車内の明かりが外に漏れる様子がきれい。
（中3・バス通学さん）

新幹線。景色を見ながら駅弁を食べるとワクワクする！　北陸新幹線のグランクラスに乗ってみたいなぁ。
（中1・てっこさん）

とにかくかっこいい**フェラーリ**！　エンジン音が特徴的なので、街で聞こえてくるとそれだけでテンションがあがる！
（中2・スポーツカーさん）

やっぱり**電車**です！　地方の自然いっぱいのところを通る鈍行列車がとくに好き～。
（中3・早く癒やされたいさん）

ジェットコースターが大好き。本当は全然怖くないけど、気分を盛りあげるために「ぎゃ～!!!!」と叫びながら乗ります。
（中3・ZEKKYOさん）

テーマ

もし超能力が使えたら

空を飛びたい！　自分で自分の身体を飛ばすくらいできるはず。空を飛ぶのは男のロマンだ！
（中1・先生からヤシと呼ばれる男さん）

瞬間移動したいと思う。学校に行くとき荷物が重いので楽をしたい!!
（中3・Mr.rabbitさん）

超能力者として**テレビ**や**舞台**に出て**大もうけ**したいです。ってずるいですか？（笑）
（中1・億万長座さん）

透明人間になりたい！　いや、別に悪いことしようとしているわけじゃないですよ！
（中1・すけーるさん）

毎日ギリギリまで布団のなかにいて、チャイムが鳴る1分前に学校に**テレポート**する。
（中2・M.A.さん）

必須記入事項

A／テーマ、その理由　B／住所　C／氏名
D／学年　E／ご意見、ご感想など

ハガキ、FAX、メールを下記までどしどしお寄せください!
住所・氏名は正しく書いてください!!
ペンネームは氏名のうしろに(　)で書いてネ!
【例】サク山太郎(サクちゃん)

宛先

〒101-0047　東京都千代田区内神田2-4-2
グローバル教育出版　サクセス編集室
FAX:03-5939-6014
e-mail:success15@g-ap.com

募集中のテーマ

「心温まる話」
「地球最後の日の過ごし方」
「バレンタインの思い出」

応募〆切 2016年1月15日

ここにメールしてね!!

success15

ケータイ・スマホから上のQRコードを読み取り、メールすることもできます。

Present!!　掲載された方には抽選で**図書カード**をお届けします!

サクセス イベントスケジュール

12月～1月

世間で注目のイベントを紹介

おせち料理

お正月のおせち料理。お重にたくさんのおかずを詰めた見た目も華やかな料理だね。おせちは、中国から伝来した五節供の行事で出された供御《くご》(天皇の食事)「御節供《おせちく》」が由来で、次第に庶民に広まっていった歴史がある。おせちのおかずはそれぞれ意味があり、例えば黒豆は「マメに働けるように」と無病息災の願いが込められているんだ。

＼円熟期の傑作、日本初公開！／

特別展
レオナルド・ダ・ヴィンチ
天才の挑戦
1月16日(土)～4月10日(日)
東京都江戸東京博物館

イタリアが産んだ天才レオナルド・ダ・ヴィンチ。「モナ・リザ」を描いたとして知られているが、芸術家以外にも、音楽家・軍事技師・建築家などとして活躍したことでも有名な「万能人」であった。展覧会では、傑作と名高い油彩画《糸巻きの聖母》や直筆ノート『鳥の飛翔に関する手稿』など日本初公開の品々から天才の魅力に迫っていく。

レオナルド・ダ・ヴィンチ《糸巻きの聖母》1501年頃、バクルー・リビング・ヘリテージ・トラスト ©The Buccleuch Living Heritage Trust

「特別展レオナルド・ダ・ヴィンチ」の招待券を5組10名様にプレゼントします。応募方法は下記を参照。

＼幻想的な冬の水族館／

楽園のアクアリウム 2015 WINTER
11月7日(土)～2月28日(日)
横浜・八景島シーパラダイス

横浜・八景島シーパラダイスでは、「楽園のアクアリム」をテーマにロマンティックな冬の水族館を演出するイベントが盛りだくさん。なかでも、水槽の表面への透明フィルム設置をはじめ、最先端の技術を用いて演出したイルミネーション空間「アクアフォレスト」に注目。水と森が織りなす光の楽園を創出した幻想的な空間に圧倒されるはず。

＼HAPPYになれる展覧会／

特別展 伊藤若冲 生誕300年記念
ゆかいな若冲・めでたい大観
―HAPPYな日本美術―
1月3日(日)～3月6日(日)
山種美術館

新年最初に見に行く展覧会におすすめなのがこちら。伊藤若冲《じゃくちゅう》や横山大観などの著名な画人の作品から、新春にふさわしいさまざまな吉祥画題の描かれた日本絵画を紹介する楽しい内容だ。ラッキーモチーフとしてなじみ深い鶴亀、松竹梅、七福神などを描いたものや、ユーモラスで笑いを誘うようなものなど、笑顔になれる作品がいっぱい見られる。

横山大観《心神》1952(昭和27)年 絹本・墨画淡彩 山種美術館

＼青い光のイルミネーション／

カノン・ダジュール
Canyon d'Azur
～青い星の谷～
11月19日(木)～2月14日(日)
カレッタ汐留

冬を彩るロマンティックで幻想的なイルミネーションを楽しみたいなら、青い光に包まれるカレッタ汐留の「カノン・ダジュール」がおすすめ。約27万球のLEDで彩られた会場には、ツリーやタワーが設置され、星の光のような繊細なきらめきに包まれている。20分ごとに開催されるイルミネーションショーも素敵なので、見逃さないようにね。

ラーマ家の東方三博士の礼拝 サンドロ・ボッティチェリ フィレンツェ、ウフィツィ美術館 Ex S.S.P.S.A.E. e per il Polo Museale della città di Firenze, Gabinetto Fotografico

「ボッティチェリ展」の招待券を5組10名様にプレゼントします。応募方法は下記を参照。

＼日本初の本格的大回顧展／

Botticelli e il suo tempo
ボッティチェリ展
1月16日(土)～4月3日(日)
東京都美術館

2016年は、日本とイタリアの国交樹立150周年。それを記念し、イタリア・ルネサンス期を代表する巨匠サンドロ・ボッティチェリの本格的な大回顧展が開催される。ボッティチェリの活躍したフィレンツェを中心に、世界各地から集められた20点以上の貴重なボッティチェリの作品が見られるまたとないチャンス。繊細で流麗な美の世界を見に行こう。

《脚付杯 ひなげし》被せガラス、マルケットリー、手彫り、脚台熔着 1900年(1900年パリ万国博覧会出品作)北澤美術館蔵

＼モチーフは自然／

ガレの庭
花々と声なきものたちの言葉
1月16日(土)～4月10日(日)
東京都庭園美術館

19世紀末～20世紀初頭にヨーロッパで流行した装飾様式で、植物などの有機的なモチーフや曲線を多様した装飾が特徴のアール・ヌーヴォー。活躍した芸術家の1人が、ガラス工芸、陶器、家具デザインを行ったエミール・ガレだ。展覧会では、自然を愛した彼の植物や昆虫などを表現した美しいガラス作品を中心に貴重なデザイン画も展示される。

招待券プレゼント! 希望する展覧会の名称・住所・氏名・年齢・「サクセス15」を読んでのご意見ご感想を明記のうえ、編集部までお送りください(応募締切2016年1月15日必着 あて先は69ページ参照)。当選の発表は賞品の発送をもってかえさせていただきます。

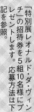

Success15 Back Number

サクセス15 バックナンバー好評発売中！

2015 12月号

世界にはばたけ！
SGH大特集
苦手でも大丈夫!!
国・数・英の楽しみ方
SCHOOL EXPRESS 埼玉県立浦和
Focus on 中央大学高

2015 11月号

高校受験
あと100日の過ごし方
サクセス編集部セレクション
シャーペン・ザ・ベスト10
SCHOOL EXPRESS
東京都立国立
Focus on
國學院大學久我山

2015 10月号

社会と理科の
分野別勉強法
図書館で、
本の世界を旅しよう！
SCHOOL EXPRESS
東京都立戸山
Focus on
明治大学付属中野

2015 9月号

どんな部があるのかな？
高校の文化部紹介
集中力が高まる
8つの方法
SCHOOL EXPRESS
神奈川県立横浜翠嵐
Focus on
中央大学杉並

2015 8月号

夏休み
レベルアップガイド
作ってみよう！
夏バテを防ぐ料理
SCHOOL EXPRESS
早稲田大学本庄高等学院
Focus on
法政大学第二

2015 7月号

参加しよう
学校説明会etc
中学生のための
手帳活用術
SCHOOL EXPRESS
東京都立西
Focus on
青山学院高等部

2015 6月号

キミもチャレンジしてみよう
高校入試数学問題特集
一度は行ってみたい！
世界&日本の世界遺産
SCHOOL EXPRESS
慶應義塾志木
Focus on 公立高校
東京都立富士

2015 5月号

先輩教えて！　合格を
つかむための13の質問
数学っておもしろい！
数の不思議
SCHOOL EXPRESS
早稲田大学高等学院
Focus on 公立高校
神奈川県立湘南

2015 4月号

国立・公立・私立
徹底比較2015
東大生オススメブックレビュー
SCHOOL EXPRESS 早稲田実業学校高等部
Focus on 公立高校 神奈川県立横浜緑ケ丘

2015 3月号

もっと知りたい！
高大連携教育
宇宙について学べる施設
SCHOOL EXPRESS 国際基督教大学高
Focus on 公立高校 茨城県立土浦第一

2015 2月号

受験生必見！
入試直前ガイダンス
2014年こんなことがありました
SCHOOL EXPRESS 昭和学院秀英
Focus on 公立高校 東京都立青山

2015 1月号

学年別
冬休みの過ごし方
パワースポットで合格祈願
SCHOOL EXPRESS 慶應義塾湘南藤沢
Focus on 公立高校 千葉県立千葉東

2014 12月号

いまから知ろう！
首都圏難関私立大学
スキマ時間の使い方
SCHOOL EXPRESS 明治大学付属明治
Focus on 公立高校 埼玉県立川越

2014 11月号

過去問演習5つのポイント
本気で使える文房具
SCHOOL EXPRESS 立教新座
Focus on 公立高校 神奈川県立柏陽

2014 10月号

大学生の先輩に聞く
2学期から伸びる勉強のコツ
「ディベート」の魅力とは
SCHOOL EXPRESS 筑波大学附属駒場
Focus on 公立高校 千葉県立薬園台

2014 9月号

こんなに楽しい！
高校の体育祭・文化祭
英語でことわざ
SCHOOL EXPRESS 渋谷教育学園幕張
Focus on 公立高校 東京都立国分寺

これより前のバックナンバーはホームページでご覧いただけます（http://success.waseda-ac.net/）

How to order
バックナンバーのお求めは

バックナンバーのご注文は電話・FAX・ホームページにてお受けしております。詳しくは80ページの「information」をご覧ください。

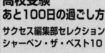

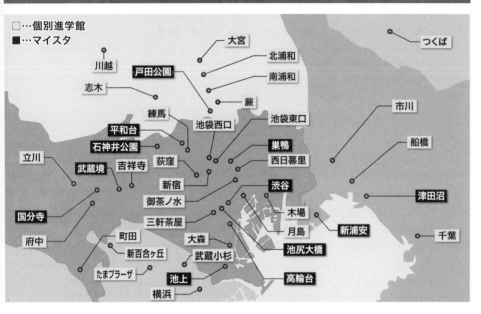

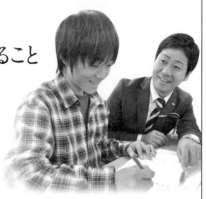

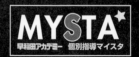

～サクセス18のご紹介～

サクセス18は早稲田アカデミーが創った現役生難関大受験専門塾です。

2015年度 大学入試合格体験記

東京大学［理科Ⅰ類］合格

早稲田大学［創造理工学部］

栗嶋 寛基（私立開成高校）

最高の学び舎

僕は、高一から早稲田アカデミーにお世話になりました。早稲田アカデミーの授業は、オリジナル教材を用いながら、講義・演習・ディスカッションなど、それぞれの科目に適した授業形態をとっていて、本質をより簡単に学ぶことができました。また、授業中の教室には心地よい緊張感が保たれていたので、本質をより簡単に学ぶことが出来ましたし、集中して勉強に取り組むことが出来ました。高3になると毎週日曜日に東大必勝講座が設けられ、東大頻出の単元に絞った演習をこなすことで、東大受験において大きなアドバンテージを獲得することが出来たと思います。さらに、センター試験が終わると、毎週テストゼミが行われ、テストに対する経験値を高めるとともに、周りのライバルたちと切磋琢磨することで、受験当日まで高いモチベーションを維持することが出来ました。勉強面以外においても、早稲田アカデミーには、質の高い自習室や、きれいなラウンジといったような勉強する上で役に立つ設備も充実していて、受験勉強する上で素晴らしい環境だったと思います。かなり有効活用させていただきました。僕が合格できたのは早稲田アカデミーのおかげだと思います。ありがとうございました。

東京大学［文科Ⅰ類］合格

早稲田大学［法学部］、明治大学［法学部］

米澤 友美子（私立桜蔭高校）

早稲アカに通い続けて

10年前、小学校2年生の冬。偶然家のポストに入っていた一通のダイレクトメールがきっかけで私は早稲田アカデミーに入塾しました。その後10年もの間早稲アカに通い続けることになろうとは当時は思いも寄りませんでした。東大を目指す、ということは長く苦しい戦いです。東大を諦めようと思うことが何度もありました。特に高1の時は数学は定期テストでも40点台、英語は教科書レベルの英文の読解にも四苦八苦、国語はまともに文字が読めないという状態で、とても東大に合格できる学力ではありませんでした。しかし、早稲アカの先生方の個性豊かでかつ受験という枠にとらわれない高度な授業、生徒一人一人に即した熱意あふれる学習指導のおかげでなんとか東大に合格にできる学力を身につけることができました。また、先生方がこまめに声をかけて下さったり、中学受験の時にお世話になった先生までもが応援して下さったりと精神的な面でも支えてもらいました。先生と生徒が一丸となって入試に臨める早稲アカだったからこそ、私は東大に合格することができました。小学校2年生の時、幼いながらに私の下した、早稲田アカデミーという選択の正しさは、10年の時を経て桜蔭、そして東大合格という形で証明されたと思います。

一橋大学［法学部］合格

慶應義塾大学［経済学部・商学部・総合政策学部］

林 遼太郎（私立駒場東邦高校）

サクセスで得たもの

僕は4年間サクセスに通っていました。小学校時代早稲アカに通っていたこともあり、友人や熱い先生方の雰囲気に自然と溶け込んでいきました。が、本当に受験を考えたのは高2の冬からで、ただ漠然と一橋大に入れればくらいにしか思っていませんでした。しかし、本格的に塾の自習室にも行くようになってからは、次第に受験を考えるようになっていました。サクセスは、大手塾とは違って、友人が作りやすく、互いに意識し合い、競い合える環境にあり、「自分もやらなきゃ」という危機感が芽生えるような環境です。だから、自然と高3にもなると、必死で勉強に取り組むことができるのだと思います。誰しも、自分の勉強に不安を抱くと思います。自分自身、そうした不安を経験しました。そんな時、僕を救ってくれたのは塾の方々でした。周りの人に話すことで気持ちが楽になったのです。そして、最後まで勉強に食らいつくべきだと思います。現役生は、年明けの直前期一気に伸びるというのは本当です。なので、試験当日まで諦めないで下さい。そして、本番は緊張するものです。僕は、センター前日から全く眠れず、という状態でした。しかし、そんな状態を楽しむことも、受験の一環です。周りを見て、「自分のほうができる」と言い聞かせるのも成功するための方法の一つです。また今まで一生懸命に勉強してきた自分を振り返るのも一つだと言えるでしょう。いずれにせよ、自分を信じ、試験開始直前まであがいてください。

早稲田大学［社会学部］合格

明治大学［商学部・政治経済学部］

郭 翔一（私立成城高校）

早稲アカ最高！！

私が早稲田アカデミーサクセス18に入塾したのは中学3年生の時です。当時はもちろん受験を意識することもなく、学校の定期試験の勉強すらまともにやらない状態でした。しかし、FITなどのサクセス18の充実したシステムにより、低学年のうちから学習習慣を身につけることができ、本格的に受験勉強をする前から学力の基盤を作ることができたのはよかったです。本格的に受験勉強を開始しようと考えた時、何をどのように勉強するか具体的な計画を自分では立てることはできませんでした。しかし、今年度から導入されたサクセスダイアリーを使用することにより、しだいに計画をたてることができるようになり、受験の直前期には効率的に時間を使うことができるようになっていました。そして何よりも受験勉強に逃げずに取り組むことができたのは先生達の熱い授業のおかげです。古居先生の厳しくも厳しいからこそやる気の出る授業や、幸長先生の数々の励ましの言葉や、新里先生の面白くも奥深い授業のおかげでモチベーションを保つことができました。また、ラウンジなどで塾の仲間達と励ましあうことにより、お互いに切磋琢磨し高めあうことができました。サクセス18の皆に支えられ、合格することができました。本当にありがとうございました。早稲田アカデミーサクセス18は最高！塾を選ぶ時にこの塾を選んだのは最良の選択でした！

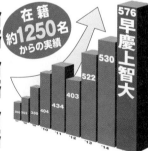

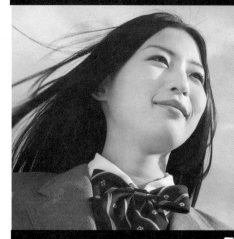

Success15

From Editors

11月号で組んだシャーペン特集の読者プレゼントにたくさんのご応募をいただきました。みなさんからのお便りを読むと「このコーナーが楽しい」「あのコーナーが好きです」などさまざまな感想があってとても参考になりました。ありがとうございました。また、これからも読者のみなさんのお役に立てるような雑誌を作りたいと励みにもなりました。今月号の受験生を応援する合格必勝アイテム特集では、また読者プレゼントがあります。色々とユニークなものがあって見ているだけでも楽しいので、ぜひ読んでみてください。入試本番まであと少し。受験生のみなさん、合格のサクラを咲かせるためにも、最後まで頑張ってください。(S)

1月号

Information

『サクセス15』は全国の書店にてお買い求めいただけますが、万が一、書店店頭に見当たらない場合は、書店にてご注文いただくか、弊社販売部、もしくはホームページ(下記)よりご注文ください。送料弊社負担にてお送りします。定期購読をご希望いただく場合も、上記と同様の方法でご連絡ください。

Opinion, Impression & etc

本誌をお読みになられてのご感想・ご意見・ご提言などがありましたら、ぜひ当編集室までお声をお寄せください。また、「こんな記事が読みたい」というご要望や、「こういうときはどうしたらいいの」といったご質問などもお待ちしております。今後の参考にさせていただきますので、よろしくお願いいたします。

サクセス編集室お問い合わせ先

TEL 03-5939-7928

FAX 03-5939-6014

高校受験ガイドブック2016 1 サクセス15

発行　2015年12月15日　初版第一刷発行

発行所　株式会社グローバル教育出版
〒101-0047 東京都千代田区内神田2-4-2
ＴＥＬ　03-3253-5944
ＦＡＸ　03-3253-5945
http://success.waseda-ac.net
e-mail　success15@g-ap.com
郵便振替　00130-3-779535

編集　サクセス編集室

編集協力　株式会社 早稲田アカデミー

Next Issue 2月号

Special 1

ここがポイント
直前期の過ごし方

Special 2

資格・検定試験に
挑戦しよう!!

SCHOOL EXPRESS

千葉県立東葛飾高等学校

FOCUS ON

中央大学附属高等学校

※特集内容および掲載校は変更されることがあります